中 国 文 化 在 世 界 文 丛

中国文化在日本

张西平 主编

上卷

王广生　唐晓可　编著

下卷

宋　刚　编著

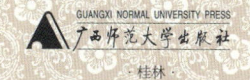

广西师范大学出版社
·桂林·

谨以此书献给

恩师严绍璗先生

(1940—2022)

丛书总序

梁启超当年在谈到中国历史的研究时曾说过，根据中国历史的发展，研究中国的历史可以划分为："中国之中国""亚洲之中国"以及"世界之中国"三个阶段。所谓"中国之中国"的研究阶段是指中国的先秦史，自黄帝时代直至秦统一，这是"中国民族自发达、自竞争、自团结之时代"。所谓"亚洲之中国"的研究阶段，是为中世史，时间是从秦统一后至清代乾隆末年，这是中华民族与亚洲各民族"交涉繁颐、竞争最激烈"的时代。所谓"世界之中国"的研究阶段是为近世史，自乾隆末年至当时，这是中华民族与亚洲各民族开始与西方民族交流并产生竞争之时代。由此开始，中国成为世界的一部分。

梁公这样的历史性划分虽然有一定的道理，但实际上中国和世界的关系是一直存在的，尽管中国的地缘有一定的封闭性，但中国文化从一开始就不是一个封闭的文化。中国和世界的关系，并不是从乾隆年间才开始。中国文化在东亚的传播，如果从汉籍传入为起点，已经有1000多年的历史[1]；中国和欧洲的关系也可追溯到久远年代——在《汉书》中已经有了"大秦国"（罗马帝国）的记载[2]，而早在希腊拉丁作家的著作中也开始有了中国的记载，虽然在地理和名称上都尚不准确。[3]这说明中国文化从来就不是一个完全封闭性的文化，它是在与外部世界文化的交流与会通中发展起来。因此，在世界范围内展开的中国文化的研究，在世界范围内梳理中国文化外传的历程，这是中国文化的历史本质所要求的。唯有此，才能真正揭示中国文化的世界性意义。

梁启超所提出的新史学思想已有百年，在此以后的历史中，历史学家在这方面已经取得了很大的进步。著名历史学家雷海宗先生曾指出世界史研究中应注意两点问题：第一，要注意中国与世界其他地区的联系和彼此间的相互影响；第二，要注意中国对世界人类文明发展的贡献。这两条说明了在世界范围内研究中国的意义，特别是研究17—18世纪中国文化在西方、研究明清之际的中西文化交流史有着重要的世界史意义，因为这个时期是西方的大发现时期。不过，这

---

1. 严绍璗. 日本中国学史[M]. 南昌：江西人民出版社，1999.
2. 夏德. 大秦国全录[M]. 朱杰勤，译. 郑州：大象出版社，2009.
    费雷德里克·J. 梯加特. 罗马与中国：历史事件的关系研究[M]. 丘进，译. 郑州：大象出版社，2009.
    H. 裕尔. 东域纪程录丛[M]. 张绪山，译. 昆明：云南人民出版社，2002.
3. 戈岱司. 希腊拉丁作家远东古文献辑录[M]. 耿昇，译. 北京：中华书局，1987.

个时期对西方真正产生影响的是中国文化,足以说明中国文化在全球的意义。

吴于廑教授在《世界历史上的游牧世界与农耕世界》[4]《世界历史上的农本与重商》[5]《历史上的农耕世界对工业世界的孕育》[6]《亚欧大陆传统农耕世界不同国家在新兴工业世界冲击下的反应》[7]相互关联的四篇论文中,都强调了在世界范围内展开中国研究的意义,唯有此,历史研究才具有全球史观、才能走出欧洲中心主义。

目前的世界史研究和中国史研究是分离的,这导致我们无法从全球史的角度展开。后现代史学反对19世纪以来的宏大叙事,批评那种以西方为主、非西方为辅的历史叙述,他们主张从不同文化间的互动、而不是一种文化对另一种文化的影响着眼,重绘人类历史画卷。

历史就是世界各族互动的结果。人类的历史就是不同社会、不同地区、不同民族、不同国家之间的"跨文化互动"。文化交流史就是文化的互动史。在文化交流中,任何一种文化对异域文化的接受都有一个重新理解和重新解释的问题;任何外来文化与本土文化的融合都有一个变异、适应的问题。重新解释后的异域文化已经经过了解释者的加工,解释

---

4. 吴于廑. 世界历史上的游牧世界与农耕世界[J]. 云南社会科学, 1983(1).
5. 吴于廑. 世界历史上的农本与重商[J]. 历史研究, 1984(1).
6. 吴于廑. 历史上农耕世界对工业世界的孕育[J]. 世界历史, 1987(2).
7. 吴于廑. 亚欧大陆传统农耕世界不同国家在新兴工业世界冲击下的反应[J]. 世界历史, 1993(1).

者依据自身的文化结构对外来文化进行了过滤。这种过滤、解释后的异域文化与原本的异域文化已经有较大的不同，在比较文学中有些学者将其称为"误读"或者"变异"。从"哲学角度来说，这是一种正常的解释，它有其合理的根据"，这种"误读"、这种"变异"，是有其自足性的。

北京外国语大学比较文明与人文交流高等研究院旨在在中国与世界的互动中来理解中国文化和世界文化。这套《中国文化在世界文丛》立足从世界的眼光来观察和研究中华文化与世界各国文化的互动，以此给我们一个"世界的中国"的新视角。

张西平
2019年9月10日写于北京游心书屋

程泰之禹貢圖論序

宋新安程泰之尚書以該洽直諒見知於孝宗嘗侍光宗潛邸講讀及即位以吏部尚書進龍圖閣學士致仕公老而得謝於家著書立言盡發所蘊今所傳演繁露攷古編雍錄諸書辨證古今之譌謬訂正書傳之得失多卓然可觀者禹貢論五十二篇亦公所著辭江河淮漢濟黑水弱水七大川甚悉凡諸儒舍經泥傳註者一一正之又專論河汴二水之患爲後論八篇又爲山川地理圖因禹貢而備論歷代山川郡縣名稱改易以唐世地書爲正總爲四卷汪端明應辰見而歎爲不可及淳熙四年公爲刑部侍郎因

通志堂

古事記下卷

大雀命坐難波之高津宮治天下也此
天皇娶葛城之曾都毘古之女石之日
賣命一后生御子大江之伊邪本和氣命
次墨江之中津王次蝮之水齒別命次
男淺津間若子宿祢命。四又娶上云日
向之諸縣君牛諸之女髮長比賣生御

文庫11
A 1630
3

日本書紀卷第一

神代上

古天地未剖陰陽不分渾沌如雞子溟涬而含牙及其清陽者薄靡而爲天重濁者淹滯而爲地精妙之合搏易重濁之凝竭難故天先成而地後定然後神聖生其中焉故曰開闢之初洲壤浮漂譬猶游魚之浮水上也于時天地之中生一物狀如葦牙便化爲神號

日本書紀
慶長己亥
季春新刊

挥舞着万宝槌的桃太郎与其三位随从——鸡、狗、猴子。摘自《绘本宝七种》（山东京传著，茑屋重三郎出版，1804年）

桃太郎

草葺不合尊以前爲上卷神倭伊波禮毘古天皇以下品陀御世以前爲中卷大雀皇帝以下小治田大宮以前爲下卷并錄三卷謹以獻上臣安萬侶誠惶誠恐頓首頓首。

和銅五年正月二十八日正五位上勳五等太朝臣安萬侶 謹上。

語舊辭以獻上者謹隨詔旨子細採擿然
上古之時。言意並朴敷文構句。於字即難。
已因訓述者詞不逮心全以音連者事趣
更長是以今或一句之中交用音訓或一
事之內全以訓録即辭理叵見以注明意
況易解更非注亦於姓日下謂玖沙訶於
名帶字謂多羅斯如此之類隨本不改大
抵所記者自天地開闢始以訖于小治田
御世故天御中主神以下日子波限建鵜

○古事記新序

新刻古事記之端文
書之中尓奧津藻乃
山能志多夫琉孃子之伎蘇那布袖乎古
事記之宇都曾美能今世尓富杼許礼流
百年餘五十年阿麻理袁知都加多大
船乃寛尓永志登云祁流歲能末之年尓
波士弓乃始而刻在登。其後迩度會延佳
神主之物爲而有登此之二曾刻本者有

目 录

上 卷

序言：变异与内共生，日本文化的命运与展开 / 3

一、发现"日本" / 18

二、移民传说 / 37

三、汉字在日本 / 44

四、《古事记》中的桃木 / 53

五、黄泉 / 57

六、学问之神和梅花 / 61

七、《竹取物语》/ 64

八、物哀 / 79

九、混沌 / 103

十、樱花 / 105

十一、传统节日的演变 / 110

十二、佛前花 / 115

十三、筷子 / 120

十四、十二单 / 123

十五、鉴真和砂糖 / 127

十六、紫阳花 / 134

十七、杨贵妃 / 136

十八、六角堂 / 138

十九、枯山水庭院 / 140

二十、老虎过河 / 142

二十一、喫茶去 / 144

二十二、芭蕉的俳句 / 146

二十三、唐通事 / 159

二十四、训读 / 164

二十五、大愚良宽 / 170

二十六、"禅宗"与《草枕》/ 177

后记 / 190

下 卷

一、弥生时代
汉字和假名 / 197

二、飞鸟时代
纸 / 199

三、奈良时代
《论语》/ 201

四、平安时代
1. 汉文 / 203

2. 道教 / 205

五、室町时代
三弦 / 207

六、江户时代
1. 朱子学 / 209

2. 鳗鱼节 / 211

3. 冲绳的石狮子 / 213

七、明治时代

1. 三大中华街 / 215

2. 中华料理店 / 217

3. 拉面 / 219

4. 中国风红茶传习所 / 221

5. 孙中山 / 223

八、大正时代

1. 包子 / 225

2. 鲁迅 / 227

3. 梅兰芳 / 230

九、昭和时代

1. 《西游记》和孙悟空 / 232

2. 麻将 / 234

3. 乒乓球 / 236

4. 太极拳 / 238

5. 中医药在日本的复兴 / 240

6. 敦煌 / 242

7. 兵马俑 / 244

8. 大熊猫 / 246

9. 四川料理 / 248

10. 杏露酒 / 250

11. 乌龙茶 / 252

12. 港式"饮茶" / 254

13. 李小龙 / 256

14. 成龙 / 258

15. 邓丽君 / 260

16. 聂卫平 / 262

十、平成时代

1.《三国演义》和日本游戏 / 264

2.《霸王别姬》/ 266

3.《大地之子》/ 268

4. 新中华街 / 270

5. 银联卡 / 272

6. "爆买" / 275

7. 华为 / 277

8. "双十一" / 279

9. 海底捞 / 281

10. 珍珠奶茶 / 283

11. 滴滴出行 / 286

12. 抖音 / 288

13. 移动支付 / 290

14.《荒野行动》/ 292

15.《那些年，我们一起追的女孩》/ 294

16.《妖猫传》/ 296

17.《罗小黑战记》/ 298

18. 中国古装剧 / 300

19. 白酒 / 302

20. "伪中国语" / 304

21. "中国制造" / 306

22. 小康社会 / 308

23. 一带一路 / 310

24. 第三方市场合作 / 312

十一、令和时代

   1. 中国妆 / 314

   2.《三体》/ 316

   3. 视频会议软件 / 318

编后记 / 321

上卷

王广生　唐晓可　编著

序言：
变异与内共生，日本文化的命运与展开

日本，对我们来说，是一个既陌生又熟悉的邻国。说是邻国，如郭沫若所说，"一衣带水，一苇可航"。而且，两国之间有着1600余年的文明交往，在新冠肺炎疫情暴发之前，近年来国人首选的海外旅游地多半是日本，仅2019年上半年就有超450万人次赴日，即便受疫情等因素的影响，在日华人数据出现明显下降的情况下，据日本出入国在留管理厅官网的数据显示，2021年在日长期居住的华人也有80万左右。但日本又是那么遥远，无论是心理距离，还是就近代日本给我们民族带来的灾难而言，日本绝对是一个他者，一个让你无法看清的存在。上述对日本的奇妙感觉，既与日本历史和日本文化独特的发展状态有关，也在很大程度上取决于我们对日本，尤其是对日本文化的理解和把握。如，提及古代日本，作为中国人很自然地就会想到日本对中国的学习和模仿，认为古代日本作为"东夷之国"，是以中国文化为榜样和老师，亦步亦趋而发展起来的。而提及近代日本，我们或许会说，日本明治维新以来以西洋为师，全面西化，走向了对外侵略的道路，给亚洲尤其是东亚带来了沉重的灾难。

时至今日，我们应如何认识日本，依然是一个值得讨论的话题。

因此，今日我们提起"中国文化在日本"这个大家耳熟能详的话题，其实也与我们如何认识日本相关，只不过，还不仅于此。换言之，尝试换一种思维和方法来看待这个世界，或许会有新的发现和认知。

众所周知，"中国文化在日本"这个题目，已有研究，而且多从中国文化影响的角度出发，它们着重观察中国文化在日本的传播、接受、排斥和变异情况。这也未尝不可。但历史的事实和逻辑的事实，存在着不同的层次和面向。概言之，我们既可以从中看到中国文化对日本产生影响的历史事实以及中国文化具有的生命力，也可以发现日本对中国文化的具体化解读和吸收，还可以从双边文化的交流和对话中看到具体且具有普遍性和启发意义的世界史的问题。也就是说，中国文化在日本，这个课题也可以认为是一种认知的循环：从中国认识日本，从日本了解中国，从中日发现世界，并从世界再次回到中国和日本。

换句话说，"中国文化在日本"，不仅是我们认识日本历史文化时有意识选择的一个中国视角，也是我们通过日本反顾自身，重新理解中国历史和文化，甚至是理解东亚汉字文化圈乃至人类整体文化的一个方法和契机。

因此，本书并非严格按照历史文化的发展脉络依次呈现，而是参照日本历史的发展，以提取日本文化史上的人、事、物等作为关键词，以相对小的专题一一展开。在方法论上则是以发生学和文化内共生学说作为理论的参考，注重回归到中国文化在日本传播、展开的现场，从中国文化的细部和日本当时的历史内在需求为出发点，观察和分析中国文化在日本的受容和变异，以及异文化对话和冲突并存一体的状态。

需要说明的是，以今日状况而论，人文社会科学和自然科学依然分属不同阵营。虽然人文学术确立的科学性和客观性原则均来自自然科学的激励，当下也在热衷于跨学科、新文科、数字人文等概念的讨论，但有一个至关重要的命题尚未解决，即社会和自然的关系是怎样的。这个问题也可以转换为人的精神是如何发生的。在笔者看来，社会并非孤悬于自然之上的存在，而是自然内在演化序列的一部分（不是在最高端，或许认为人类位于自然演化的最末端更为恰当），人的精神可看作是无机物到有机物、植物至动物之演化——从感性到理性的进化（感应→感知→理性）——在人性的维度上的延宕与赓续。因此，对社会文化的考察，对人的精神的理解，根底里潜藏着一个自然生命的维度。因此，我们也可以尝试借助对自然生命的考察和相关研究范式去思考社会模型和文化实践。就当下人文学术的现状而论,我国学者严绍璗先生自20世纪80年代倡议的比较文学变异体概念和相关理论体系可谓是一个特例。[1]

毋庸讳言,作为严先生的学生,我得先生亲炙,并多年研读其学术成果,也较为了解变异体及其发生学的内在机理。不过,在近年阅读诸如《创世记》《生命是什么》《社会生物学:新的综合》《自然与希腊人 科学与人文主义》等科学类和文化史相关书籍之时也逐渐体会到:在地球万物演化的进程中,除"变异"之外,"内共生"应是另外一个至为重要的关键词。

英国学者尼克·莱恩在《复杂生命的起源》一书中对"能量"这一关键的生命课题进行了关注,他在基因和环境(进化论和变异思考模型)之外,发现了细胞结构内在的共生机制这一重要的生命历史的演化事实。他富有创造性的研究带给我至少两个重要的启示:其一,如书中所说,不了解细胞的演化史,就不理解生命的运行机制和本质。我们也可以说,不了解生命的运行机制和本质,就无法真正理解人类自身和社会发展抑或衰落的内在规定性。或许,回到生命的原点,我们才能理解更为复杂的事物。其二,生命的演化是围绕能量展开的,而且并非仅在基因和环境的互动中展开,

---

[1] 严绍璗先生自1985年以来在论述中日古代文学关系以及跨文化研究领域内所提倡并实践的一种理论体系,与文学的发生学、原典实证方法论等共同构建了严氏学术体系,成为新时期中国人文学术少有的原创性理论,其价值还有待后来者深度发掘。

看待这一问题还必须考虑细胞结构这一重要维度。于是，我们看到"内共生"超越"变异"，成为理解生命起源的最重要的关键词。在这样的思路下，"内共生"也成了打开社会文化史深层真相的一把钥匙。

因此，自《读诗札记——夏目漱石的汉诗》出版伊始，我便主张，日本文化可看作一个纵横、立体的动态系统，内含历史纵向的"古今之变"和横向文化实态中的"对异文化的接受与变异以及作为其结果的多元文化内部共生状态"等多个"跨越性"内容，也就是说，日本文化在本质上具有典型的多元文化"内共生"的特质。

何谓"内共生"？简言之，"内共生"原本为生物学上的一个假说，现被笔者借用于描述和阐释多元文化相遇、冲突、融合、变异之后产生的一种新的文化样态。

在生物学上，"内共生学说"（Endosymbiotic Theory）的发展过程简要如下：1905年，学界提出"叶绿体是由原先的内共生体形成的"这一构想。20世纪20年代，当时的学者提出了对线粒体的相同构思。1970年，琳·马古利斯在《真核细胞的起源》一书中正式提出这一假说。在笔者看来，这一假说包含三个层面的意义：

第一，两种或多种（微）生物形成共生关系，且其中一种或两种生存于另一种（微）生物体内，与之形成一种内部的共生关系，形成新的生命形态。与此相应，上述内部共生的关系及其新生样态在本书中则是指日本文化的形成过程。大乘佛教经典《金刚经》有言:"佛说世界,既非世界,故名世界。"此种思辨也如《道德经》所言:"名可名,非常名。无名,天地之始,有名,万物之母。"也就是说,在世界开启之前,万物静默,并无固有的名字,只是后来被强以为名。日本文化亦是如此。我们称之为"日本"的日本原本并不存在,即便存在,也并无这个名称,之所以后来被(人)称为"日本",是因为从本源意义上讲,它只是类似佛教所言的"方便之门"。此外,就"日本"抑或"日本文化"的形成过程而言,实际上是在异质文化的刺激之下,出现的一种自我构建(认知)的行为,即"日本"的发现是站在中国的立场获得的一种自我观审和判断模型。在《日本史的诞生》一书中,一个核心的观点即是,《日本书纪》(720年)的诞生即是日本史的诞生。而《日本书纪》是在(中国这一巨大存在的)现实面前(白村江之战)的一种自我危机的纾解。在我看来,《日本书纪》努力确立"日本"的历史意识,恰恰是"中国"以"内共生"的方式在"日本"这一文化和政治机制中充分展开的契机。这也是如冈田英弘自己所言,今日解读《日本书纪》必须在中国乃至东亚的视域中,在多样文化冲突与对话的背景中才能扩展开来的深层原因(冈田英弘似乎没有意识到这一点)。拓展开来,这也是自然生物界和人类世界甚至是宇宙万物共有的一种生存模型和生命实态。如日本语言的表记方式主要是由汉字、平假名、片假名等有机组合而成,而假名在历史上也来源于汉字(平假名主要来自汉字的草体,多形成于10世纪前后。片假名大多取自汉字笔画的一部分)。

此外，自中国文化以"分子"的形态进入日本原有的文化语境伊始，日本文学便不再是原有的结构与风貌，而生产了一种新的文学形态。这种新的文学形态主要由汉文学与和文学及其相互关系构成，并随着历史的变化和外在的不同参照体系而呈现不同的面貌和特色。

第二，进入另外一个(微)生物体内的(微)生物体，作为由二者重构而成的新生物形态的一个有机部分继续存在，且具有维持原来相对独立性的功能和表征。

今日我们去日本，处处可以感观到中国文化的影子，日本的汉字自不必说，京都、奈良等地的佛教建筑或许还会给我们以直观的刺激和"梦回唐朝"的幻觉。若是有机会去正仓院参观那里定期举办的文物展览，来自古代中国的气息便会扑面而来。此外，无论是物质形态的梅花、枯山水庭院，还是精神文化层面的遣唐使、黄泉、和魂洋才，抑或社会生活中的各种"祭り"(祭日)等，其间的中国文化元素清晰可识。

若以汉诗为例，我们可以看到，中国文化和诗歌审美进入日本文化语境，形成了一种独特的文学创作样态，即日本汉诗。日本汉诗虽然已经不属于中国文学而成为日本文学的有机组成部分，但是其所据的内在规则和审美形式依然具有原有汉语诗歌的部分功能和主要表征(如日本汉诗中的律诗创作也力求遵循汉诗的平仄、押韵和对仗等规则)。而且，日本汉诗的创作者也往往以中国诗歌的审美标准(随着日本对中国文化在不同时期的不同汲取方式而有所变化）而判别优劣。只不过，日本的汉诗虽是中国文化和日本文化对话与融合的结果，但也可以看成融合了中国古代文化的某些文化因子（尤其是汉文化）的日本文化自身获得了具有适应能力的丰富和拓展。

第三，两个或多个（微）生物相遇而形成内部共生的关系，便会在客观上重构一个具有和原有生命形态和功能不同的新的物种，以适应外部环境和内部生命的重组。

日本古代王权制度的形成，内有丰富的中国儒家、道家思想的作用。如在日本"天皇"称号出现之前，日本的统治者往往被称作"大王"。《日本书纪》记述了被后世称为垂仁天皇的大王的故事：

大王病了，命令一个叫田道间守的大臣去摘取常世的橘子。大臣历经艰难，远渡弱水，找到了橘子，但回来的时候，发现大王已经死了。

橘子和弱水有着浓厚的道教气息，而常世则是日本创造的一个词，近似于中国传说中神仙居住的地方。

现存最早的日本文学著作《古事记》（公元712年）则记载了雄略天皇在吉野之乡，看着舞女随音曼舞，吟唱出对常世渴望的故事。

这两个故事生动地提示我们，在历史上，日本的王权和中国道家思想之间关联的历史事实。当然，作为多元文化共生共存于内部的日本古代上层意识形态，其外来文化因子包括了对道家、儒家文化的接纳和效仿，也包括了对儒、道家思想以及起源印度、后在中国发扬之佛教思想等的接纳和扬弃的历史。圣德太子改革(《宪法十七条》)就是其中一个较为著名的事例。

而我们不应将观察停留在上面表述的层面上，我们还必须追问日本何以接纳外来文化。因为接纳外来文化和意识形态，某种意义上意味着自我的改革，必然触动当时的意识形态及其所代表的现实力量。因此，我们还必须追问日本当时的历史困境。所有的改革与开放，大多是一个民族文化面临危机时的自我调节和突破。这是一个社会和民族寻求新的出路的必然选择，这种危机求存时刻对外来文化的吸收和改造，可比照生物学上的变异现象，即在自然界，我们看到进化和遗传，也看到为了适应环境的剧烈变化、追求生存而产生的变异现象。因此，遗传和变异，是自然万物危机求存的出路，正如同一个社会文化的传承和创新，一个民族对外来文化有目的的吸收和改造。如此，造成的一个历史事实和文化事实，就是已知的、既存的历史文化和文明，都是本土文化和外来文化冲突与融合的结果，其内部存在不同文化和文明的因素，按照当地、当时历史和社会内在所需要的逻辑结构重构的，多元文化内部共存、共生的实际状态。

还是回到日本文字表记方式之一的假名上来。有趣的是，所谓假名，实际上也是取意佛教，意思是没有实体的事物，暂且给予一个名字。假名本身与真名相对，虽不能算作真正的文字，但也象征着日本文化空诸自身、别求规范的性格。因此，在另一方面，日本借由假名而创造了具有规范性的文化实体，展开了属于自己的文化命运。

实际上，关于日本文化论，内藤湖南的"卤水豆腐说"也罢，加藤周一的"杂交种性理论"也罢，都承认了日本文化内部存在着丰富的、被改造了的异质文化（基本指古代中国传统文化）的事实。且外来文化唯其异质，才具有了学习和模仿的价值。

或许也可以说，本书所主张的"文化变异与内共生"假说，是以严绍璗先生提出并实践的"文学变异体理论"为思考的基点而提出的、可与之形成互补关系的一种新的文化学（文学）理论。文学变异体理论侧重于过程的发生学思考，是一种文化生成机制的考察；而"文化内共生"假说则更加倾向阐明多元文化融合的过程、变异之诱因以及对多元文化因子在某一种文化内部相对稳定的日常实态和内部构造的描述。换言之，一个侧重的是动态分析，一个更关注的是常态描述，两者互为补充，形成一种全方位、立体观察的思考视角与路径。

就日本历史文化形成的过程观之，即以历史的维度观察，日本文化无疑包含了上述文化"内共生"的几个层面的指向，其内部既有日本民族的本土性文化表述，也有以汉文化和佛教文化为主要表现的外来文化的因子，而近代以降，日本文化又开启了兰学和欧美之学等西洋文化的学习和引入，因此，近代日本文化，又具有了一种导入性的西方近代的理性和启蒙之特征,即具有了近代性的品格和价值。

如同"没有晚清,何来五四"的思想路径,学界对日本近代性的发掘多将目光投向了江户时代(公元1603年—公元1868年)。这个时代也是日本文化民族主义复兴的时代,在典型的国学家如本居宣长那里,日本历史上广泛接受中国文化影响的时代,竟然被称为"国风暗黑时代"。不过,站在"中国文化在日本"的视角上,我们恰恰看到了日本吸收中国文化最为丰富的时代的到来。如果说,文明伊始,日本列岛就受到了外来人口及随之而来的外来文化的影响而生成,进而在弥生时代(约公元前4世纪—公元3世纪),一跃而进入青铜和铁器几乎并行的农耕文明的时代;其后,中国文化的影响不断波及日本的历史文化进程,只是其影响多停留在皇庭贵族抑或上层精英如僧侣之间,未能普惠众生,那么,也唯有在江户时代,随着资本主义萌芽的出现,印刷业和教育的相对普及,中国文化才从上层意识形态,借助资本和消费的路径走入了百姓日常。而另一方面,随着中国和朝鲜半岛的政治文化的演进,尤其是明朝覆灭,满族建立的清朝入关,在朝鲜和日本看来,出现了所谓的《华夷变态》的事实。加之对西方海外市场的探寻不断进入日本人的视野,江户时代的思想文化呈现出一种奇怪的既封闭又多元的特质。不过,值得注意的是,国学、神道等学问的展开所运用的文献批判和考证等方法均取自经学的脉络,而其内在论证的展开也可以理解为以中国文化为参照而确立的自我的框架。如国学者贺茂真渊、本居宣长就提倡排除"汉意"而寻找日本"古心"之方法（所谓"物哀"美学也是中国传统美学的深度接纳与变异形态）。后来的发展则是神道、佛教、儒教等权威都被相对化处理，而生成了日本江户时代的一种合理主义和现实主义思想，这种复古的思潮最终带有了一种革新的冲动。而中国思想和哲学在其中始终作为一种方法论的基础和各个思想对话的平台及路径，触媒激活了日本人的近代性思维和审美。从中我们也看到，日本民族基于岛国的危机文化心理，对外来异质文化始终保持着敏感并学习的立场和态度。

无论古代日本文化，还是近代日本文化，就其文化吸收异质文化而变异抑或变异后其实际运行状态的合理性而言，都包含一种普遍性的文化规律。或许从以上粗略的叙述当中已有体现，那就是，所谓文化，自其诞生以来抑或在其诞生过程中就包含多种文化因素的参与，多种文化的相遇、冲突、变异及融合基于特殊的、具体的、当地的生存状态和走出危机的需求，向着不同的方向演进，最终形成了独具特色的近代国族文化。所以，文化乃是人类为了适应具体的外在生存条件和生存环境而逐渐总结、抽象出来的一种生存逻辑、思维习惯和行为模式。

在某种意义上，文化是一种世界观和人生观，而先进的文化就是与人类认知世界状态相应的世界观和方法论。也可以说，文化的改造就是改造"人心"，让人获得一种与其生存境遇和认知水平相应的世界观念，并在这一观念之下指导我们的生活抑或奋斗。因此，在发生学意义上，日本文化不能说是中国文化影响的结果，但却是在中国汉字圈文化哺育下生发并逐步发展，又在近代于西方文明刺激下形成的一种具有变异复合体特征的多元内共生文化形态，其主体自始至终是日本自身的生存需要及其相关的生存逻辑和思维体系。

明治以来，日本不再以中国为师，而以西方为学习的榜样，但中国文化实则并没有被日本精英们完全否定。因为，在汉学或汉文化、佛教文化的影响下建构起来的日本人的世界观和思想，是脱亚入欧的知识分子理解西方、与西方对话时下意识的工具，也是亚洲主义者走向世界时怀有的一个精神故乡。只是随着中国逐渐沦为半殖民地，自身陷入巨大的生存危机，日本也加速西化，并与列强为伍，走上海外拓殖侵略的道路。

1906年，笼罩在清朝海陆上空的硝烟尚未消散，时任日本海军元帅大将伊东祐亨召集日本海陆将领在东京足利学校举行了盛大的"祭孔典礼"，庆祝日本军队取得"中日甲午战争"和"日俄战争"的胜利，夺得东亚海域的控制权。其内在的文化逻辑在哪里？站在伊东祐亨的立场，他是以这样的方式向孔子致敬，作为孔子的真正的文化继承者，他们遵循"孔子教诲"而取得了日本的胜利。

我们自然不能简单地将此看作是"中国文化在日本"影响的结果；我们也不可以仅仅大声呵斥道：他们内在的逻辑是普鲁士的逻辑，是强权的逻辑。他们是假借"孔子仁德"

之名义,而行使普鲁士式的对外扩张和暴力之实!

回到日本当时具体的历史语境,我们可以看到明治日本流行的不只有西方的事物和自然主义,还流行禅宗和儒学,只是此儒学非彼儒学。明治政府颁布《教育敕语》(1890年),满目所见是忠勇爱国、扶翼皇运之类的言辞。这自然反映了明治统治者在欧风美雨面前的焦虑和恐惧,于是,他们需要的是建构人心,即清洁人心,摒除私欲,鼓吹大义,抬出儒学自然是最为方便之事。可惜的是,虽然当时政府组织了很多知识分子认真学习、积极宣传天皇思想,甚至将之改编成歌曲,预以通俗而流布,但收效甚微。于是,请来了留学德国的井上哲次郎撰写《敕语衍义》(1891年),以西方哲学和伦理学为基础对其进行科学的解读,影响颇大。井上哲次郎也由此受到嘉奖而名满天下。第二次世界大战后,1947年,《教育敕语》被禁止传播。不过,理应受到关注的是,在时隔近70年之后的2017年4月,日本安倍内阁会议决定,允许"在不违反宪法和《教育基本法》的形式下"将《教育敕语》作为教材使用。

《教育敕语》在日本的"复活"自然不能看作是中国文化在日本的影响或"复兴",而应该看成是日本历史文化发展过程中对外来文化的吸收和变异、多元文化内共生的一种文化常态以及日本文化发生变化变异之时背后传达出的一种生存危机的意识。以上,才是本书以"中国文化在日本"为题所要传达的一种理性而多元的立场和观念。

最后，必须说明的是，本书是在诸多坚实而卓越的研究基础上展开的，虽然文中对摘引的文献作了标注和说明，但如大家所知，未标明之处的表述也多半属于不言自明的学术常识，而非我们独自的发现。另，需要强调的是，在知识论层面之外，本书的方法论也是以严绍璗先生的变异体及发生学理念为学理的出发点的，应是综合文化的"变异"与"内共生"之理念在人文学术界内的初次尝试，加之笔者学识粗浅，必定有许多纰漏与不足，敬请读者批评和指正。我更期待更多的人能够加入这一论题和方法的讨论中，大家一起开拓出一条跨文化研究道路来。

王广生

初稿于2022年5月

修订于2023年8月

一、发现"日本"

日本,这是一个耳熟能详的名字。"日本"从何而来?这个词是汉语还是日本汉字?在本书的开篇,我们首先解决这个问题。

《金刚经》说:"佛说世界,既非世界,故名世界。"

我们借用此说:人说日本,既非日本,故名日本。

结合诠释学和发生学来讲,我们可以说,原本不存在"日本",我们所说的"日本",只是人们为了理解世界而采纳的一种不得已而为之的妥协的语言策略,强以为名,故曰"日本"。在本质上,"日本"和所有的概念一样,是我们认识世界的方便之门。需要注意的是,从逻辑和事实上讲,历史上的先民先有对未曾被命名为"日本"之事物的接触与认知,然后为了更好地理解和说明这个既存却未知的"日本"之事物而采取了一种相对合理(符合人们感知形式)的命名方式。

那么,日本,这个汉语(抑或日本汉字)从何而来?我们对"日本"的认知又发生了怎样的变化呢?

公元702年的某个秋日,"日本人"粟田真人作为遣唐使节团团长率领众人（其中就有山上忆良,时任少录一职）乘船渡海,抵达大陆,又沿河而上,历经数月之久,终于抵达中国长江靠近北面的一个入海口岸——楚州盐城县。当时唐朝名动天下,对外交往频繁,心态开放,但海关检查还是十分认真的。当地官员接到通报后,迅速安排接待和一系列审查。

中国官员问道:"你们是从哪里来的?"

使节团答道:"我们是日本国的使节。"

据说,这是日本人在历史上首次对中国称呼自己为"日本国"。对中国的官员来说,"日本"这个国号也是初次耳闻。于是,通过进一步审查盘问,中国官员才了解到"日本国"就是《汉书》《三国志》中所记载的"倭国",也就是传说中位于东边海上的"岛夷"之地。但是中国官员们对日本国使节的解释还是半信半疑,于是乎,一级一级往上报,从县到州,一直问到都城长安。唐朝的大臣们翻阅史书,再核对手上的信息,认为既然他们说"倭"就是现在的"日本",那就这样也无不可,加上他们有意朝拜、与我们友好,而且他们汉语水平也可以,说明他们的国家不算是荒蛮之地,就默认了下来。不过,唐代的官员们问自称"日本国"的使节们,你们为何要修改国号呢？日本使节的回答似乎并不让人满意。据《旧唐书》记载,似乎日本国使节们说法不一,还被记录了下来。

有的日本人说：日本国这个名字，本来就是倭国的另外一个称呼，因位于太阳之侧（故乡），所以也叫"日本"。（"日本国者，倭国之别种也。以其国在日边，故以日本为名"）

也有的日本人说：我们自己觉得"倭"这个名字不雅，发音和意思都不太好，所以改为"日本"。（"倭国自恶其名不雅，改为日本"）

还有日本人说：日本自古有之，逐步强大起来，后来把"倭"国兼并了，统称"日本国"。（"日本旧小国，并倭国之地"）

或许因为"日本国使团"第一次使用"日本"这个称谓，内心也忐忑不安，所以回答前后不一致，或者口径并未统一。总之，给当时的中国人留下不太好的印象。在史书上，特别加注了一条：自称"日本国"的这些使节，大多傲慢无礼，不说实话，因此让人觉得可疑。（"其人入朝者，多自矜大，不以实对，故中国疑焉"）

那么，"倭"和"日本"有什么关系呢？为什么日本人称自己为"倭"以及"日本"呢？日本使节说的是实话吗？

从历史事实出发，整体而言，日本（人）在成为现在的"日本"之前，在汉字文化圈内，曾大致依次流行过"岛夷""倭""大和"等称谓。而我们主要依据的古代文献为《尚书》《山海经》《三国志》《汉书》《后汉书》以及《论语》《尔雅》等。

不过，回答以上问题，让我们先从一则孔子的故事讲起：某日，周游列国而不得志的孔子面露悲伤甚至有些愤怒的表情,这是少有的事。弟子赶忙上前去问所为何事。孔子情绪激动地说:天下苍茫,竟然没有可以容身之所,更别说复兴周礼之理想了,不行的话,我就打算离开这个世界,去传闻中的海外之国,那里兴许有比得上此处的所谓的文明之邦。

这就是《论语·公冶长》中所记载的一句话:"孔子曰:道不行,乘桴浮于海。"

屈原在《离骚》的结尾曾言:"国无人莫我知兮,又何怀乎故都?既莫足与为美政兮,吾将从彭咸之所居。"屈原说:你们这些国人都不理解我,我又何必怀念故国的好呢?既然你们不值得与我一起践行理想,我决定与尔等决绝,追随贤者彭咸之所居。屈原的话是以诗歌的方式喷薄涌出的,想象奇丽,这也说明他情绪激动的事实。而孔子的话多半娓娓道来,不紧不慢,偶有呵斥但也温柔敦厚。可是这次,孔子却显得异常激动。如果自己的理想不能实现,他就准备离开这里。

孔子和屈原的两段话,虽然在表达上风格迥然,但在意思上相通,可作为一种互文的解释。只是,屈原所说的"彭咸",是传说中的殷商的大夫,因为谏君主而不听,遂投水自尽。因此,屈原作为楚国山水滋养的性情中人,决定以死的方式和这个丑陋的世界告别。而孔子呢?孔子悲愤之后,还给自己留有后路,说道:"从我者,其由与?"也就是说,如果我远渡海外,跟随我的也只有子由吧。由此可知,孔子也是一时激动而说的气话。那么孔子乘坐木筏欲渡海外,要到海外寻找新的理想之国度,这个海外之国所指何地呢?

就这一问题,严绍璗[1]先生有过精彩的论述。他指出《论语》虽然没有给出答案,但孔子罕见的情绪,一定与当时人们传闻海外有来者的消息相关。

有趣的是,《论语·子罕》竟然还记录了孔子"欲居九夷"的想法:"子欲居九夷,或曰:'陋,如之何?'子曰:'君子居之,何陋之有?'"

孔子为何想要移居到九夷呢?九夷是指哪里呢?学者并未有统一的意见,但存在朝鲜半岛以及海外日本的可能。东汉以前的学者就关注到这一问题,并展开了讨论:圣人孔子为何要离开华夏而去九夷之地?他们的结论是:孔子是为了去海外布道,感化众生。如东汉班固、唐代颜师古等人都认为孔子"乘桴浮于海"的想法,并非突发奇想,而是有历史传说的依据,即和箕子"适东夷"朝鲜的传说相关联,孔子是在追慕箕子。

不过,若根据班固《汉书》和许慎《说文解字》的载述,我们可以看出,在东汉人的视野里"九夷"实际上并非蛮荒之地,需要文明教化。它本就是一个"天性柔顺"的君子之邦,是一个充满想象的理想的宜居之地。

在《汉书·地理志》中,也记载有相似的话:"孔子悼道不行,设浮于海,欲居九夷,有以也夫!乐浪海中有倭人,分

---

1. 严绍璗.中国文化在日本[M].北京:新华出版社,1993:6.

为百余国……"在这段记述中,有两点非常重要。第一,《论语·公冶长》中只说孔子打算"乘桴浮于海",而《汉书·地理志》在"设浮于海"后,加上了"欲居九夷"四字,这就回答了孔子要去的地方原来是海外九夷的处所。第二,《汉书·地理志》在"九夷"之后,紧接着就叙述"倭人"国的情况,这就解释了"九夷"原来就是乐浪海外"分为百余国"的"倭人"。而"倭"或"倭人"则无疑是指"原日本人"了。

也就是说,在日本成为(被称为)"日本"之前,在一段历史时期内,还应该有其他更早的名字。如果上述推论正确,这个名字就是"夷"和"倭"相关的表述。那么,何以从"九夷"和"倭人"等信息中判断其为古代日本的指称呢?

我们还得从古代经卷《尚书》讲起。在这本相当古老的书中,较为明确地记录了"岛夷"的历史活动。

《尚书》是现存第一部古典文集,也可称之为我国最早的历史文献,它以记言为主,记录了自尧舜到夏商周的漫长历史,其具体的编撰年代虽然存疑,但根据其描述的地理实态,更多地对应春秋战国时代我国先民活动的范围。历史学家刘起釪主张"《禹贡》初稿反映的是春秋之世地理情况,流传至战国之世,又增加了些战国才有的地理情况,它的全文经过了不断修订增补的过程"(引自《古史续辨·〈禹贡〉的写成时期及其作者》)。这部作品中有一篇独立的文章,就是《禹贡》篇,一般标记为《尚书·禹贡》。

据说这是一部关于大禹时代中国的地理著作。而司马迁认为《禹贡》就是夏朝时代的资料,记录了那个时代的山川地形以及田地开垦状态等。可以说,他的《史记·夏本纪》几乎全文抄引《禹贡》中的表述。

在《禹贡》篇"冀州"条目中,记载有"岛夷皮服,挟右碣石,人于河"。又于"扬州"条目中,记载"岛夷卉服,厥篚织贝,厥包橘柚,锡贡"。这是关于中国与海东居民关系的最早记载,也应该是我国古代先民关于日本列岛的最初的知识和观念。

依据《禹贡》篇成书的实际年代和其中记载的信息,"岛夷"应该是曾生活在位于我国大陆之东的海域中的族群,时间大概在公元前5世纪至公元前3世纪左右。他们或者从冀州(现在的河北省一带)进入我国大陆,或者从江苏地区进入我国腹地,我们称之为"夷",即"东夷"。这应该是上古中国对"日本"及其先民们最早的印象和记忆。而且,这一记忆已经相当成熟——形成了固定的文字表达,视野横跨千里(河北至江苏)。可见,所谓"岛夷"这一概念的获得必然经历了一个相当长的过程,并由此在汉字文化圈内部(当时仅限中原及其周边地区,其他地区被称为与"华夏"相对应的"四夷")[2]形成了一种共识。

---

2. 汉字文化圈是一个动态历史文化的描述,"华夏"以及与其相应的"四夷"的概念是一种互为表里及互动的关系。大约自殷商开始,华夏民族居于中原,对于四方及其居民进行了文化等差序列的描述:"北狄""西戎""南蛮""东夷"。"东夷"的概念和汉字文化圈的扩展同步,起初特指江淮流域及其居民。春秋后期,江淮流域吴、越、楚等诸侯国强大起来,"夷"的观念也随之变化。后来就开始指称海外居民。

《程尚书禹贡山川地理图》二卷，（宋）程大昌撰，1673年刻本，哈佛大学图书馆藏

换言之，在日本被称为"日本"之前，据《禹贡》篇我们知道了在一个相当长的时期内（约公元前5世纪至公元前3世纪）它及其族人被称为"岛夷"，这应该是世界上文献记载的最初的有关"日本（人）"的信息。

如果说，《禹贡》篇中有关"日本（人）"的信息还不清晰，需要我们想象和推理得来，那么到了《山海经》中，我们就可以看到较为确切的有关"日本（人）"的记录了。

在这部我国的上古文献中，"日本（人）"被称为"倭"。根据《山海经》的成书年代（学界意见不统一，但可确定为战国后期），我们可以推测，我国先民对"日本（人）"的认知，经历了一个由"夷"到"倭"的过程。也就是说，在"岛夷"这个词出现之后，大概过了两百年左右的时间，汉字文

化圈内开始同时流行"倭"的称谓。

《山海经》是一部古老的奇书，不仅内容驳杂，神鬼奇幻皆入其中，而且它的记录方式也比较奇特，即它是一部使用"语音录入法"记录事物的文献。

《山海经》第十二《海内北经》有言："盖国在巨燕南，倭北，倭属燕。"

这句话依次提到了三个国家，即盖国、巨燕和倭。据研究，盖国曾经是朝鲜半岛上的一个部落。而巨燕就是我们熟知的战国七雄之一的"燕国"，巨燕，应该是燕国人的自称。那么，"倭"，当作何讲？具体指哪个地方或族群呢？[3]

据严绍璗先生等学者的研究，"倭"便是当时的"日本"。这是中国文献中第一次正式使用"倭"来指称"日本"，而且，这一称谓的使用和流行长达千年之久。

东汉的思想家王充也曾在他的名著《论衡》中多次提及先秦时代中国与"倭"的关系。如《恢国篇》中记载："成王之时，越裳献雉，倭人贡畅。"

公元1世纪，杰出的史学家班固在他的《汉书·地理志》中，第一次从政治地理学的角度描写了日本列岛的面貌。他说："乐浪海中有倭人，分为百余国，以岁时来献。"

更为充分的证据在西晋陈寿的《三国志》中。因为，在

---

3. "倭属燕"给我们提示，难道"倭"属于"燕国"的一个部落或附属国？实则非也。根据上下文的意思，我们知道"属"在这里并非所属的意思，而是说明了如下历史事实——"倭"与大陆的交往大多是通过"燕国"来进行的。

这部以严谨著称的历史书中,竟然为"倭"这个国家立传,即《三国志·魏志·倭人传》(又称《乌丸鲜卑东夷传》):

> 倭人在带方东南大海之中,依山岛为国邑。旧百余国,汉时有朝见者,今使译所通三十国。从郡至倭,循海岸水行,历韩国,乍南乍东,到其北岸狗邪韩国,七千余里,始渡一海,千余里至对马国。其大官曰卑狗,副曰卑奴母离。所居绝岛,方可四百余里,土地山险,多深林,道路如禽鹿径。有千余户,无良田,食海物自活,乘船南北市籴。又南渡一海千余里,名曰瀚海。至一大国,官亦曰卑狗,副曰卑奴母离。方可三百里,多竹木丛林,有三千许家,差有田地,耕田犹不足食,亦南北市籴。又渡一海,千余里至末卢国,有四千余户,滨山海居,草木茂盛,行不见前人。好捕鱼鳆,水无深浅,皆沉没取之。

《倭人传》全文共计1988个字,以上为该列传的第一段。描述了当时的"倭"由许多小国构成的历史状态,较为详细地介绍了各小国的位置、各国的生活样式以及各国的官名等信息,具有重要的学术价值。

我们知道,目前所知,日本历史上最古老的两种文献分别是《古事记》和《日本书纪》,分别成书于712年和720年。而《魏志·倭人传》所记载的年代是在三国后期,也就是公元239年左右的历史,早于上述两种文献的成书约500年。因此,它是研究日本史前社会与国家起源的权威性文献,第一次正式记录了当时分布于日本列岛的32个国家的内外形势。这32个国家,当是分布于日本列岛的部落、部落联盟和国家雏形。文献中标明它们的方位,叙述国情民风,轮廓清晰。在这32国中,有一个国势鼎盛的"女王国",它统属28个属国。"邪马台"为"女王之所都",女王名"卑弥呼",她是最高首领,由她的弟弟辅佐国事,由此而形成了

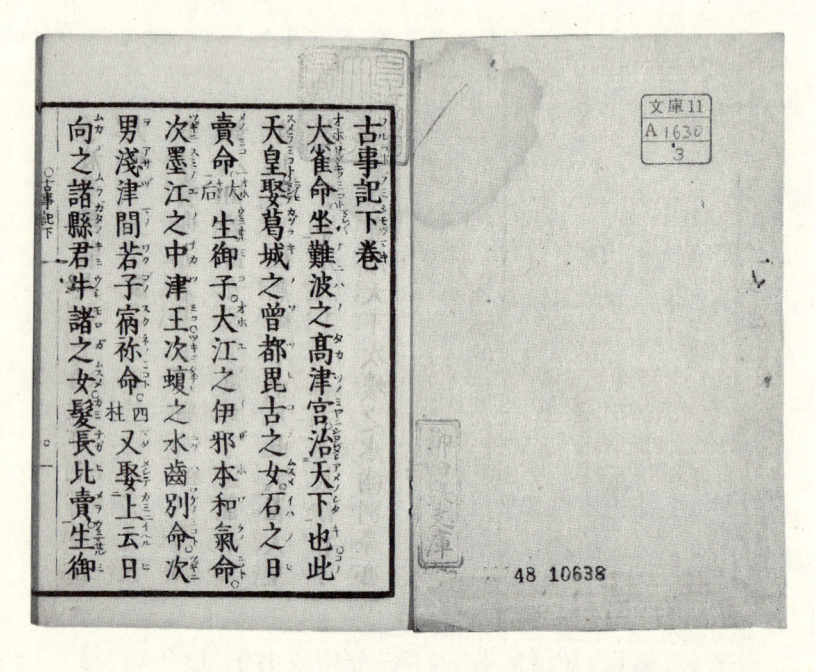

《古事记》,太安万侣撰,本居宣长说,长濑真幸训,早稻田大学图书馆藏

日本历史上的千古之迹"邪马台"。邪马台，它的日语发音是"yamato"，也就是现在的"大和"。

正如严绍璗先生所说，（根据《三国志·魏志·倭人传》可知）中国人在公元3世纪时期对日本列岛的认识，已经具有了社会人类学、政治地理学、经济地理学等的内涵，这是当时世界上最先进、最科学的日本观。由于中国上古文献的连续的记录，日本终于被世界发现。

不过，值得注意的是，将"yamato"[4]记录为"邪马台"，提示我们先人记录当时的"日本"之时，采用的是"语音录入法"。这种方法也是上面提到的《山海经》的记录特点。从这一点出发，我们再回过头来思考一下，为何日本曾被称为"倭"呢？

中国古文献中，也曾称日本人为"倭奴"。如《后汉书·东夷列传》记载：

> 建武中元二年，倭奴国奉贡朝贺，使人自称大夫，倭国之极南界也。光武赐以印绶。安帝永初元年，倭国王帅升等献生口百六十人，愿请见。

这是发生在公元57年的历史事件。所提及的金质印章，

---

4. 有的学者主张，"yamato"也可标记为"山岛"，因此，"山岛"也可作为日本曾有的称谓。但看《山海经》《汉书》等，"山岛"只是作为描写"倭"或者"邪马台"时使用的一个地理特质的词汇，并不具有整体性和独立性。

于1784年在九州志贺岛被一位当地的农民发现,现在被保存在日本东京国立博物馆中。[5]

由此,我们也可知道,当时世界史上还没有一个叫作"日本"的国家、部落抑或地方。现在的"日本"在当时,被汉字文化圈中的中原人称为"倭",且这样的称谓极可能也是当时的"日本"居民的自称。因为,在《山海经》和《后汉书》等古代文献中,记录"倭"的方式都是语音直录,即"语音录入法"。

"倭"即"倭奴",根据保留古韵的吴音,其发音为"æ"和"aenu"。而特别需要关注的是,这个发音正是日本列岛最早的居民"Ainu"(阿伊努)的译音。

根据英国人类学家别尔慈(Erwin Baelz)对Ainu(阿伊努)的研究,便可明白"原日本人"的形成时期,正相当于我国西周与战国时代,由于他们体形的显著特征,中国古代文献如《山海经》《淮南子》中称他们为"毛人""毛民"。也就是说,在公元前300年之前,也就是日本史前文明的绳文时代(约公元前2300年—公元前1500年),当时居住在"日本"列岛的族群被称为"Ainu"。此后,日本由绳文时代逐步进入弥生时代,以"邪马台"地区为中心,接受中国大陆和南洋的影响,逐步形成了现在的大和民族,这个族群也将生活在其以北地区的"多毛"、语言不尽相同的族群称为"毛民"或

5.《后汉书·东夷列传》所载和在日本发现的金章上,均有"委(倭)奴"字样。

"虾夷"。这就是日本最初的原居民（或第一代大陆移民的后裔）"Ainu"，也就是现在居住在北海道地区的"阿伊努"。[6]

换言之，"倭"本义是指称日本原居住民Ainu人，后来由大和人统一了日本，他们也长期习用这一人种的音译，自称为"倭"。其后，在长达10余个世纪中，"倭"便成为"日本"——大和的代称了。[7]

随着分子人类学的不断发展，有的学者也开始结合日语的起源，对日本人的起源问题进行科学层面的探讨，且现有结果也证明了如下事实：距今2万—3万年前，早期人群迁徙到日本，并且留下了东亚古老的遗传谱系，逐渐演化成日语历史上的绳文人（绳文时代是国家意识形态的萌芽时期）。而现今的阿伊努人应该就是历史上绳文时代的主要创造者，他们体内至今还带有大量的绳文人遗传成分。

综上，我们看到，在汉字文化圈内部，作为一个族群或国名的"日本"的称谓也在不断的变化之中。而"日本"作为一个族群或国家在古代文献中被发现和确认，则是以西晋陈寿的《三国志·魏志·倭人传》为标志而被载入世界历史的。当时的日本，被称为（也是自称）"倭"，而"倭"原本是日本最初的原住民，即现今居住在日本北海道的少数民族阿伊努人先民的称谓。"倭"即"邪马台"，也即

---

6. 严绍璗. 中国文化在日本[M]. 北京：新华出版社，1993：10-11.
7. 日本自称为"倭"，在明治时代之前是一个相当普遍的现象。如《日本书纪》曾引《伊吉连博德书》有言："所朝诸藩之中，倭最胜。"意思是说，在出使中国的各国使节中，"日本"使团独具风采，最为出色。

"大和"。

换言之，在公元5世纪前后日本官方对内使用的国名是"大和朝廷"，对外（中国）则称为"倭"。不过，严格来说，"大和"和"倭"，均是在日本自弥生以降直至大化改新之前，这一历史时期，由世袭王权体制发展为律令国家体制的过渡性国家形式，代表着当时日本最主要的政治族群。

而作为国家之名"日本"的使用，则是在"倭""大和"之后才开始流行起来的。

《旧唐书·东夷列传》记载："日本国者，倭国之别种也。以其国在日边，故以日本为名。"《新唐书·日本传》的记载则更为详细："咸亨元年，遣使贺平高丽。后稍习夏音，恶倭名，更号日本。使者自言，国近日所出以为名。"对此，《古今图书集成》有特别的记载："咸亨元年，倭人始更号日本，遣使贺平高丽。"与此相对应，日本历史上也记载了这次遣唐使的事件。由此，或许可以推测，日本这个国名，是从670年（咸亨元年）开始的。从现存的最早的日本两部文献《古事记》和《日本书纪》的命名上也可窥见一些端倪。

两者内容虽有交错，但前者变形汉文，主要面向国内，宣扬神代统治的久远和合法性；而后者主要以汉文表记，则是主要面向国外（即中国）来宣示政权的独立。因此，前者更加注重时间和历史意义上的"古"，而后者则与中国相区别而特别强调了"日本"这个国名。因此，可以由此推断，在8世纪初，日本高层统治集团对于"日本"这一国号持有相当的敏感度，或许正说明了"日本"作为国号乃是一件尚不久远的事情。

与此相关，我们还应该注意以下几点：

第一，日本这个国号的出现与中日韩（即唐、倭、高丽）之间复杂的政治关系有关；

第二，日本这个国号与"日本"所表示的字面意思有关；

第三，日本这个国号的生成与汉文化意识有关。

其实第二、第三点可以统一表述为：日本这个国号的出现与日本使团自身所接受的汉文化的意识有着直接而密切的关系，即"日本"被发现于日本使团不自觉地以汉文化之眼光对自身观察的视野之中。"习夏音，恶倭名"，学习了华夏的雅言（当时的官方汉语）而觉得"倭"这个词难听（含义不雅），这明显是一种华夷的等差文化观念造成的结果。而"日本"的字义，即按照日本使团的说法是"日出之国，所以命名为日本"。这样的称呼和命名，极可能受到了《尔雅》（中国最早解释词义的专著）的直接影响，且从文化思维逻辑的角度看，这无疑也是日本使团站在中国大陆对东方大海之中岛国故乡的远眺和想象的姿态。换言之，所谓日出之国，这样的风景，也是他们不自觉地站在中国的立场对日本观察的结果。

《隋书·倭国传》中记载了一句名言："日出处天子致书日没处天子，无恙。"

史书所记载的607年推古天皇派遣小野妹子作为第二次

遣隋使携带国书来华,"日出处天子致书日没处天子"就出自所带国书。不过,值得注意的是,天皇之称谓实则是后世的言辞,当时并无此说。但这份国书,是以当时"日本"最高统治者的口吻所写则是无疑。因此,"日出处天子"是日本最高统治者的自称,而其展现的文字修养和背后的地理文化观念直接来自相关的中国古文献。如文句中的"日出处"应该来自《尔雅·释地》邢疏之"日下者,谓日所出处,其下之国也。"[8]所使用的语言措辞背后则是借用了我国古代的地理观念,就是说对日本最高统治者天皇来说,中国位于万里之遥的西边,也就是从视觉的感受出发可以将中国看作是日落之地。但他自称是太阳升起之地的天子,就有些不可思议了。因为,基于人类的日常直观,即使对当时的日本人而言,太阳也应该升起于遥远的东方,而绝不会是自己所在的这片土地。

将自己所在之地,看作是太阳升起之处,其实就是不自觉地假借了中国陆地的视角和立场观察而得的印象和结果。因此,"日没处"是当时日本高层文化人士仿照《尔雅》中的"日出处"所构筑的自己关于西方的地理观念,"日出处"则是对中国观察视角和文化地理观念的直接接受和移植。

下面这则故事也同样可以说明我们这一思路的合理性:

---

[8]. 北宋学者邢昺注疏《尔雅》,将"日下"释为"日下者,谓日所出处"。其中的"下"并非动词,而是方位词。本句意为:太阳之下,是太阳升起的地方。

いざ子ども　早く日本へ　大伴の　御津の浜松　待ち恋ひぬらむ[9]
　　去来子等　早日本边　大伴乃　御津乃滨松　待恋奴良武[10]

意思是说：诸位，我们早些回到日本吧，大伴御津岸边的青松，还在翘首以盼，期待着我们归航的帆影！

据吉田孝的《日本的诞生》所言，这是日本第一次让中国人（大唐王朝）认同了"日本"这一称呼。[11]

此外，确定"日本"这一国号的过程，与日本"天皇"这个称谓的确立同步发生，甚至可以说是同一个历史事件的不同面向。因此，"日本"国号确定的过程中同时存在当时中国、朝鲜和日本微妙而现实的多元政治文化背景，也受到中国汉文化（儒家、道家等）在观念形态和思维方式等层面的刺激和影响。

《日本史的诞生》（冈田英弘著，筑摩书房，2008年第一版）一书，主张"邪马台"是古代中国的一部分，所谓"倭国"也是古代中国的一个地区而已。在历史学家那里，"日本"也好，"中国"也罢，本质上是一个历史的过程，是时间和观念的流动。因此，在某些日本学者那里，"倭国"时代的"日本"只是中国的一个边缘地区，那时，还没有"日本"

---

9. 大伴，日本地名，当时大和朝廷的难波港口，应为他们的出发地。松，并非实际的景物，而是借用日文中"待つ"（等待）的谐音（"松"与"待つ"在日文中发音一样）。
10. 吉田孝. 日本的诞生[M]. 周萍萍, 译. 北京: 新星出版社, 2019: 3-4.
11. 学界对此还有不少争议，包括对这首和歌中"日本"的标记究竟是"大和"还是"倭"，发音是"yamato"还是"nihon"或"nippon"。

这样的国家意识。后来在中国和朝鲜半岛等外在力量的影响下，才产生了"自我意识"的萌芽，进而产生了"日本"这样相对独立的观念和定位。作者甚至推测，日本早期的建国者应该是一批有汉族血统的人。

总而言之，无论作为"国号"的日本，还是作为文化地理意识的日本，都根植于当时多元的文化冲突和对话，在彼此相互参照中，重新发现和认知了自我。而"日本"这个概念和词语，无疑也是东亚汉字文化圈逐渐成形的标志和产物，是中日两种拥有各自主体意识的文化相遇时，发生的一次思想和情感上的对话与碰撞。"日本"来源于从亚洲大陆视角下对东方虚无缥缈的东洋之岛的想象和好奇，抑或是东洋岛国之人身在亚洲大陆，假借大陆文化思维而对故乡岛国的反顾和思怀。

二、移民传说

上承弥生时代、下启飞鸟时代（公元593年—公元710年）的是日本的古坟时代，从公元3世纪中叶至6世纪末，大约经历了300多年的时间。因日本各地（除北海道）出现巨型墓穴而被称为古坟时代。

这一时期文化巨变，呈现出变异特征：以九州为中心的弥生文化突然消失而古坟突然流行，大和文化成为主流，铜铎工艺消失而三角缘神兽镜流行，历史时间似有加速，有人称之为神秘时代。如果追问形成的原因，就绕不开一种历史现象——移民。

据日本学者直原和郎的研究，日本弥生至古坟时代，日本的总人口大约300万，其中外来移民约有100万，占了整体的三分之一。可以说，日本古代的历史，就是一部关于移民的历史，即一部多元文化和民族融合的历史。就古坟时代所对应的大和王朝本身，既不是历史上的邪马台国，也不是弥生时代的大和部落联盟，而是包括海外移民在内的各个部落集团冲突与融合的政治联合体。

日本学者上田正昭在20世纪曾倡导古代"移民四次高潮论",影响颇大。根据这一学说,弥生早期的移民浪潮之后,第二次和第三次移民高潮均发生在古坟时代。《日本书纪》称作"今来才伎",这反映了当时日本政府鼓励高层次人才引进的事实。在另一方面,我们也需知道,这些零星的移民并不足以迅速改变日本文化的整体风貌。在那个时期,中国历史发生巨变,国内豪族势力为了躲避战争灾祸,带着自己的军队整体移民朝鲜半岛,进而移民日本的情况也有发生。不过,这样大规模的整体移民,迁移速度较为缓慢,但文化传播的效果却很明显。

这一时期,日本有大量从朝鲜半岛渡海而来的移民,他们带来了土器制作、农工、土木、养蚕、织布等技术和汉字、佛教、医学等新的文化和技术。这些"渡来人"(以前称为"归化人",但因韩国学者的不满,提出"归化"一词明显带有歧视而不再使用)带来的技术和文化,极大地改变了

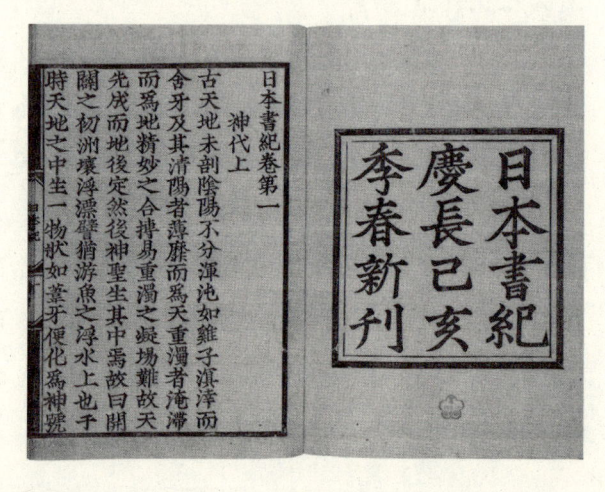

《日本书纪》书影,庆长己亥年间刊行本

人们的生活，对大和政权的建立和壮大起到了至关重要的作用。这已是历史的常识为世人所接受。日本学者江上波夫曾提出著名的"骑马民族征服说"。他认为3世纪末骑马民族从高句丽南下，首先建立百济王朝，继而在3、4世纪之交征服九州，建立"崇神王朝"；4、5世纪之交，骑马民族东进征服畿内，建立"应神王朝"。也就是说，弥生后期出现骑马民族东徙高潮，大和王朝是由这些外来移民集团建立的。

此学说受到海内外学界关注的同时，也受到很多日本学者质疑。但这一学说的提出，客观上也反映了这个时期外来移民的堪称巨大的历史作用和意义。

换言之，日本弥生后期，九州南北势力冲突加剧，同时来自半岛的移民数量逐渐增加，在这双重压力推动下，九州人口自然向东迁移，最终与大和势力结盟，从而形成新的统治集团，是为大和朝廷。其依据之一就是，古坟前期文化成分较为复杂，仅以祭祀信仰为例，包含大和的三轮信仰、九州的铜镜崇拜、吴越的神仙思想等。这充分说明，构成大和王朝的集团来自各处，当然也包括部分来自半岛的骑马民族。[1]

这一时期迁入日本的汉族集团，被称为"秦汉渡来人"；在公元3世纪至7世纪之间移居日本的中国人，被称为"新汉人"。今日看来，他们和原始的土著居民一并成为现代日本人的祖先。

---

1. 王勇.日本文化[M].北京：高等教育出版社，2006：121.

以下仅举两个例子说明移民之事实和文化影响。

（一）弓月君的故事

《日本书纪》曾记载："秦造之祖、汉直之祖参渡来也。"秦造之祖，就是历史上有名的弓月君，又称"融通王"。

据《新撰姓氏录》："仁德天皇时，秦氏流徙各处，天皇使人搜索鸠集，得九十二部一万八千七百六十人。"在此文献中，弓月君还被认为是秦始皇的五世孙（应该源于这一支移民的自称，外来者自夸门第，日常和古今历史上不乏先例），而在《日本三代实录》（901年）中，他又成了秦始皇的十三世孙。

虽然上述文献记载的细节难以实证，不过，在历史整体的事实上是确实成立的。这批秦人赴日，是整体移民，经过了在朝鲜半岛的短暂定居和停留之后渡日。他们带去了先进的手工技术，如建筑、丝织等。

这批移民由于多从事纺织类的工作，被称为"hata"，即日语中"纺织活动"的意思。他们在雄略天皇时被赐姓"太秦公"，如今京都岚山附近还有"太秦"这一地名。因此，在当时，"秦"氏并不是个人的"姓"，而是一个共同生活的集团。后来"秦"氏繁衍了，便有了一些子姓，诸如"羽田""羽太""波多""幡多""八田"等。这些子姓，至今在日语中仍然一律读作"hata"。据说，日本前首相羽田孜就曾经在公开场合说："我是中国秦姓的子孙。"

除了养蚕、纺织类的工作，这批移民还从事诸多行业。

如移民后代秦河胜在圣德太子的支持下，主持建造了日本著名的广隆寺（位于京都市右京区太秦蜂冈町）等。

《日本书纪》"雄略天皇七年"记载，中国移民中"陶部高贵，画部因斯罗我，锦部定安那锦，译语卯安那"等，这涉及工艺、艺术、文化各个部门。这些名字应是赴日的移民集团的首领。这些移民，则是日本的"新汉人"。[2]

（二）徐福传说

根据目前的研究，与其将徐福赴日看成是一个具体的历史事件，不如将此看作中日古代交流史上一个（一段历史整体）基本的历史事实。具体来说，这反映了古坟时期中日之间曾活跃着"移民"的现象。

严绍璗先生在《中国文化在日本》一书中，专辟一章"徐福的传说"，讨论了徐福传说的由来及其文化本质。严绍璗先生认为，徐福赴日传说的由来，可依照《史记》梳理如下：

《史记·秦始皇本纪》说：东海之中有"三神山"，名叫蓬莱、方丈、瀛洲，岛上有神仙和仙草。秦始皇闻讯大喜，便派徐福率数千童男女"入海求仙人"。《史记·淮南衡山王列传》篇中，司马迁追加描述说，徐福首次出海回来，对秦始皇谎称曾到蓬莱见到海神，请求仙药，但海神嫌弃秦始皇礼太薄而不给。于是，秦始皇又遣其携童男童女三千、百工

---

2. 严绍璗.中国文化在日本[M].北京：新华出版社，1993：43.

及武器、谷种等出海。不料徐福此次竟一去不返，找到一片"平原广泽"，自立为王。

在此之后，《汉书》《后汉书》《三国志》等史籍中也有关于徐福率童男童女出海求仙的记载。李白、白居易等人的诗中也提到过徐福出海。不过，都没有提及徐福的具体去向，也没有提及"日本"这个概念。

到了五代，有一部书名为《义楚六帖》，其中有一章"城郭·日本"，文中说：

> 日本国亦名倭国，在东海中。秦时，徐福将五百童男、五百童女止此国，今人物一如长安……又东北千余里，有山名"富士"，亦名"蓬莱"……徐福至此，谓"蓬莱"，至今子孙皆曰"秦氏"。[3]

义楚，是五代后周时期济州开元寺的和尚，该著作是一部佛教著述。徐福相关的事迹则源于一位名为宽辅的日本僧人的口述，并无可靠的史料依据。

不过，我们要注意的是，这一份文献不仅指明了徐福赴日的"事实"，还指出了徐福与"富士"以及和"秦氏"的联系。据此，后来的故事和传说都是围绕着这些元素展开的。

对这一问题的解读，目前所见，严绍璗先生的解读还是

---

3. 严绍璗. 中国文化在日本[M]. 北京：新华出版社，1993：35.

比较到位的。

第一，在日语古音中，"富士"发音与"不死"相近（皆为fuji），有常青不死之意，而"fuji"亦可训读为"藤"。《说文解字》曰："藤，藟也。"《名医别录》又曰："藟，千岁藟。"《方伎传》说："姜抚服常青藤，使白发还鬓。常青藤者，千岁藟也。"由此可以推断，在日本的一些山岩上，生长一种中国称为"常青藤"的植物，可以入药，延寿养命。生长有类似此种青藤的山，都被称为"富士山"。富士山就是"不死之山"。

第二，"徐福传说"内含了四个部分：中国人东迁的历史事实、汉族移民后裔的寻根意识、潜意识与附会诸因子的交融、传说的形成与发展。上述"富士山"和"不死药"之间的联想，徐福与"秦氏"之间的附会想象等，就体现了古坟时代汉族移民的历史事实以及这些移民后裔的寻根意识和心理。[4]

不过，日本各地的徐福遗迹和相关传说则是一种活着的流动的历史，这也说明今日的日本人（自然包括众多移民的后裔）还没有放弃日本与中国和朝鲜半岛之间的血浓于水的历史记忆和友好的文化联系。

或许，我们还可以这样说，徐福赴日是一种历史的事实，也是一种历史的传说，是中日世代友好的一份永存的记忆。

---

4. 严绍璗.中国文化在日本[M].北京：新华出版社，1993：46.

三、汉字在日本[1]

中国和日本一海相隔，两国之间的往来有史记载的部分，已经超过了2000年。日本的历史记载最早见于中国的史书。那么，两个国家是怎么实现交流的？文化上有什么样的相互影响？日本最早对于中国的先进文化是以怎样的形式吸收的呢？我们想通过些许事例，探讨这些问题。文化的传承，既有相吸性，也有排斥性。简单地说，落后的文化容易被先进的文化吸引，并且进一步地吸收先进文化。但是在这个过程中，必然会出现排斥反应。因为文化没有办法照搬，需要跟本民族形成的固有文化形式相结合。日本对中国文化的吸收充分体现出了这个特点。

---

1. 本文部分内容参考自坂本太郎的《日本史》（北京：中国社会科学出版社，2008年）及石川九杨的『書と日本人』（东京：新潮社，2007年），特此说明。

（一）汉字在日本

众所周知，日本的汉字起源于中国。汉字已经融入日语的语言体系，但是日语又是与中文完全不同的语言。那么，汉字是如何融入日语中、最终成为表记文字的呢？这个起因虽然可以用一个"借"字来诠释，但是过程却并不容易。从汉字的传入到成为日语表记文字的一部分，可以说整个过程艰苦卓绝。

对日本文化稍有了解的人都会知道，日本的文字是借用汉字产生的，所以日本的文字称之为"假名"，主要是针对汉字这种"真名"而言。就现阶段的研究成果来看，在汉字引入日本之前，日本是没有文字的。虽然也有人主张"固有文字存在说"，即所谓"神代文字说"，但搜索一下神代文字，便可以看出其文字形态十分类似于朝鲜文字。由于固有文字说的证据不足，所以这种说法并没有被采纳。大部分学者还是认为日本文字的出现是在大陆的"渡来人"（古代日本对朝鲜或者中国等亚洲大陆移民的称呼）到日本之后才产生的。那么中国的文字是怎样进入日本的语言系统中、不仅帮助日本产生了文字，还深深地融入日本文化之中的呢？

关于文字是如何传入日本的，据《古事记》和《日本书纪》记载，是在应神天皇的时代，通过《论语》和《千字文》传入日本。

又科赐百济国，若有贤人者贡上，故受命以贡上人，名和迩吉师，即《论语》十卷、《千字文》一卷并十一卷，付是人即贡进。

《古事记》此部分内容大概是说，从百济来了一个叫和迩吉师的人，献上了《论语》10卷，《千字文》1卷，共计11卷。

十六年春二月，王仁来之。则太子菟道稚郎子师之。习诸典籍于王仁，莫不通达。故所谓王仁者，是书首等之始祖也。

《日本书纪》此部分内容大意是，应神天皇十六年二月来了个叫王仁的人。太子菟道稚郎子拜其为师学习各种典籍，并对王仁做了高度的评价。

《日本书纪》中记载的应神天皇十六年，是公元285年。但无论《日本书纪》还是《古事记》，都是模仿中国史书创作的、为了给日本立国提供根据的书籍。所以，书上的记载作为历史资料的话，并不具有说服力。而且，在《日本书纪》中应神天皇活到了110岁，在《古事记》中，阳寿更是到了130岁。所以，文字是由《论语》或者《千字文》传来的这种说法是让人质疑的。

在江户时代，北九州志贺岛出土的汉代蛇钮印章上有隶书"汉委奴国王"字样，当为汉光武帝所赐印章。这是确实存在的、证明日本有文字的证据。除此之外，考古学上

志贺岛金印,福冈博物馆藏

也有零星发现,光武帝所赐印章,是官方公认的证明文字存在的有效证据。但是"汉委奴国王"到底是谁,此印到底是光武帝赐予何人,由于《日本书纪》和《古事记》并未说明,至今不可知。

不过,有一点我们可以洞悉,由于中国在当时的国力强大,周边小国如果想与其来往务必要学会使用汉语。在东亚范围内,可以不夸张地说,汉语就是一种通用语言。从《古事记》的成书可以看出,虽然其中使用了汉和混淆文,但是主要的叙事脉络还是由汉语构成。至于《日本书纪》,这部以对外宣传为目的编纂的史书,则通篇使用了汉文。

综上所述,从日本的历史发展到文献资料中,并没有办法明确汉字传入日本的路径,但可以从日语的特点上考察汉字对于日语的影响。

日语学习者在学习日语的初级阶段,会发现多数日语中的"当用汉字"有多种读音。比如"林",既可读成"rin"也可以读成"hayashi"。我们称前一种为"音读",后一种为

"训读"。一般音读的发音会比较接近汉字。再进一步学习下去会知道,音读是从中国传过去的发音,训读是日本原有的传统语言的发音(称为和语)。当然,有些还会有更复杂的发音形式,比如佛教用语等,在这里不赘述。接下来我们看看汉文是通过什么途径得到广泛传播的。

(二)日语的形成

在这一部分,我们要了解一下日本的一个重要历史阶段,飞鸟—奈良时代(奈良时代:公元710年—公元794年)。日本在古代后期,皇室对氏族的掌控力变弱,致使他们竞相攫取私地私民,天皇的权威出现了衰颓的迹象。皇族间围绕皇位问题而引起的内讧更助长了这种情况。推动这个时期的国政改革和文化立国政策的中心人物是圣德太子。圣德太子的思想依据是佛教和儒家思想。《三经义疏》就是圣德太子钻研佛教的成果,其对经典的注释,参考了中国学僧以前的注解,又加进了新的独到见解。这说明他对佛教的深刻理解和高度智慧都超出常人,在佛学方面的造诣极高,就是同中国学僧相比也毫不逊色。《三经义疏》在奈良时代经留学僧之手传到唐朝,唐朝学僧对《三经义疏》也做出高度评价。圣德太子还制定了"官位十二阶"和"宪法十七条",为日本封建社会的进一步发展打下了良好的基础。

在日本历史上,飞鸟—奈良时代是国家大力推崇佛教的时代。佛教也是圣德太子文化立国的基础。在这个时代,佛教并不仅仅是作为信仰的宗教，而是包容一切新文化的广泛的文化体系。当时的经书经由中国传到日本，"写经"这种传播经书的形式在另一方面促进了汉字、汉学在日本的发展。写经，指抄写经书，一般有两个目的——保存或者供养。以保存为目的，抄写后私藏；或者为了经书的传播而大量抄写，然后分发到各处收藏、学习。或为了供养而抄写，但之后会焚烧。在佛教的传播过程中，文化人通过写经大量地吸收了汉字知识，全方位地展开了对汉学的学习，提高了汉字在日本的认知度。随着写经的盛行，书法更加受到重视。这个时代的书风完全处于中国书风的影响之下。对东晋王羲之的崇拜风靡一时，由圣武天皇、光明皇后起，到无名的写经生，都竞相效仿。初唐书法家欧阳询、欧阳通等对当时日本的书法，也很有影响。可见唐文化的传播达到了一个惊人的程度，直到下一个时代的空海，才在书风上摆脱唐的影响，开创出日本独有的风格。书法的传入为日后假名的诞生提供了土壤。与书写相关的笔墨纸砚传入日本，为日本文字的产生做了充分的准备。

通过写经带来的"识字运动"，汉文在日本得到了广泛的传播。文字的发展已经从《日本书纪》的完全用汉文编撰，到《古事记》的汉和混淆文构造。这个阶段终于完成了用万叶假名编撰的《万叶集》。万叶假名是指用汉字的音训来表现日语的文字，是产生后世的日本文字——平假名和片假名的母体。虽称之为"万叶假名"，但是这种用汉字的表音形式记录和文的方式应该在《万叶集》完成之前就存在,只是在《万叶集》中被大量使用,所以被称为"万叶假名"。

(三)假名的产生

我们学习日语的时候,都是从平假名开始入门。在学习平假名的时候会学到,平假名取自汉字草书体的一部分。由于汉字从中国传入,所以用楷书体或者行书体表达的汉字称为"真名",而取自草书体一部分的文字,则称为"假名"。那么假名又是怎么发展来的呢?这就不得不说到女性文学的产生和发展。在这之前,我们需要了解奈良时代之后的时代——平安时代(公元794年—公元1192年)。

公元781年,桓武天皇即位,将都城从平城京迁到平安京。这象征着奈良时代的结束和平安时代的开始。此后的近400年,直到镰仓武家政权的确立,称之为"平安时代"。在这个时代唐风文化虽然出现若干的发展形态,但还是居于优势地位。在政治方面,律令制度在形式上虽然有一定的完善,但是和社会的实际情况日益乖离。在平安时代出现了长期居于统治地位的政治形态——摄关政治。这是因幼帝出现导致的。律令制是以天皇亲政为原则,不承认年幼的天皇。文武天皇和圣武天皇在年幼时都是由母后代行政务,长大以后才让位的。可是到了这时,清和天皇和阳成天皇却都是9岁就即位了。9岁的孩子是不可能按照律令要求的那样亲理政务的,于是就出现了律令官制中没有规定的新的实质性的官职，天皇的外祖父藤原良房就任"摄政"就是其中的一例。摄政一职，在律令官制中是完全没有的。但从现实来看，藤原良房能够就任摄政一职，主要是他和天皇有着血缘关系的缘故。于是，新的社会关系便打破了律令制的僵硬形式，不断设置这种实质性的新官职。天皇长大以后，摄政改称关白，也是从藤原良房之后的藤原基经开始的。关白在对天皇个人进行辅佐的意义上，具有比摄政更大的作用。摄关政治导致天皇的权力被削弱，贵族的势力不断增强，为武家政权的到来埋下了"种子"。

这一时代文化的基础，仍然是唐文化。不过，当时中国的唐文化，已由中唐至晚唐，呈现出烂熟甚至颓废的倾向了。此时的日本却逐渐将外来文化与固有文化融会贯通，形成日本本身的文化。这一时期，与汉文学的流行相对应，日本文学出现了兴隆的征兆。在这方面，作为日本文字的假名的产生是最有力的依据。片假名是把汉字的偏旁加以简化、用简单笔画表示的表音文字，平假名则是将汉字草书简化的表音文字。前者大概是僧侣们在给经典加旁注和做笔记时，为了方便而自然创造出来的，后者也是人们在日常使用草体字中自然产生的。因此，初期的假名，都是一个音有好几种字体。至于固定成今天的字体，则是很久以后的事。假名的发明虽然不能归功于特定的某个人，但是假名的产生和广泛应用却只能认为是在这一时代。

女性创作和歌的起点可以追溯到《古今和歌集》，它成书于醍醐天皇延喜五年（公元905年），是敕撰和歌集。这一时期的散文有《竹取物语》《伊势物语》《土佐日记》等，都是汉文式的简介文章。在《土佐日记》中，有一句话说假名文章是女人写的文章。可以看出，在平安时代汉文学仍被视为知识分子的第一教养。到1000年左右，终于迎来了日本古典文学巅峰之作《源氏物语》，这部物语文学是宫廷女官紫式部用平假名书写而成。平安时代女性利用平假名创造出了优秀的文学作品，所以今天经常会有平假名出自女手的说法。但是，这并不是说平假名是由哪个特定的女性或者女性团体发明，假名的形成应该是在万叶假名的基础上，从楷书体到草书体逐渐演变形成的。但假名文学的金字塔的的确确是在这个时代由女性建立的。

平安时代的文化以贵族文化为主，文化的传播也是以从上到下的形式进行传播。但这一时期假名文学的形成和发展，标志着汉字融入日本文化从而形成了日本独有的文字。

四、《古事记》中的桃木

《古事记》是日本第一部文学作品,由奈良时代的文官奉天皇敕令编写,内容包含了日本古代神话、传说、歌谣、历史故事等。作品开篇即为创世神话,介绍了日本国的诞生和皇室的由来。《古事记》的传世神话中,世间万物产生之前,天上先有了无形神,然后是有形神,后来神又分为男女。在众神中,处于末位的伊邪那岐命和伊邪那美命夫妻受命下界完善国土。但是,伊邪那美命在生火神的过程中自己被烧死。伊邪那岐命思妻心切,便去黄泉寻妻。伊邪那美命跟伊邪那岐命约定去请示黄泉之神才可以离开,但是在这期间伊邪那岐命不可以睁开眼睛看。紧接着便有了如下的内容:

> 女神退入殿内,历时甚久。伊耶那岐命不能复待,拿下左鬘所插的木栉,取下旁边的一个栉齿,点起火来,进殿看时,乃见女神身上蛆虫聚集,脓血流溢,大雷在其头上,火雷在其胸上,黑雷在其腹上,拆雷在其

阴上，稚雷在其左手，土雷在其右手，鸣雷在其左足，伏雷在其右足，合计生成雷神八尊。

伊耶那岐命见而惊怖，随即逃回。伊耶那美命说道："你叫我来出了丑啦。"即差遣黄泉丑女往追。伊耶那岐命乃取黑色蔓鬘，抛在地上，即生野葡萄。在丑女摘食葡萄的时候，伊耶那岐命得以逃脱。但不久又复追来，乃取插在右鬟的木栉，擘下栉齿，抛在地上，即化为竹笋。在丑女拾食竹笋的时候，伊耶那岐命又得以逃走。其后伊耶那美命更遣八雷神，率领千五百名黄泉军来追。伊耶那岐命拔所佩十握之剑，向后面且挥且走。直追至黄泉比良坂之下。伊耶那岐命取坂下所生桃实三个，俟追者近前，将桃子抛去，遂悉逃散。

伊耶那岐命对桃子说道：

"像你现在帮助我一样，生在苇原中国的众生遇见忧患的时候，你也去帮助他们吧！"遂赐名曰大大神实命。[1]

由于伊邪那岐命没有遵守约定，夫妻反目。在他逃亡的时候用桃子当作武器驱散追兵。桃木为什么能驱散追兵呢？桃木在中国文化中有驱鬼辟邪的寓意。起源于上古神话夸父追日，干渴而死，死后化为桃树的传说。"夸父与日逐走，入日。渴，欲得饮，饮于河、渭；河、渭不足，北饮大泽。

---

1. 太安万侣. 古事记[M]. 周作人, 译. 北京：中国对外翻译出版公司, 2001.

未至，道渴而死。弃其杖，化为邓林。"（《山海经·海外北经》）意思是说，在黄帝的时代，夸父族其中一个首领想要把太阳摘下，于是就开始逐日。他口渴的时候喝干了黄河、渭水，准备往北边的大湖（或大泽）去喝水，奔于大泽路途中渴死。他的手杖化作桃林，成为桃花园；而他的身躯化作了夸父山。

再从字形看"桃"字。《说文解字》中对"桃"字的解释是"果也，从木，兆声"。此字始见于商代甲骨文。本义指古人占卜时烧灼甲骨所呈现的预示吉凶的裂纹，引申指预兆、兆头。在古代，在人们对世界的认识不清晰的情况下，占卜被认为是神圣的事情。"桃"字的由来可以反映中国古代人的桃崇拜意识。

挥舞着万宝槌的桃太郎与其三位随从——鸡、狗、猴子。摘自《绘本宝七种》（山东京传著，茑屋重三郎出版，1804年）

在日本的传统文化中，桃便有驱邪之寓意。明治时期被收入教科书的桃太郎的传说就是一个例子。《桃太郎》是日本著名民间故事，讲述从桃子里诞生的桃太郎，用糯米团子收容了小白狗、小猴子和雉鸡后，一起前往鬼岛为民除害的故事。

这个故事在收入教科书之前，关于桃太郎的出生版本和现在的有所不同。故事讲述的是老爷爷老奶奶吃了在河中漂来的桃子，变回年轻人，生下了桃太郎。但是在教科书的版本中则是，老爷爷老奶奶捡回河中漂来的桃子，回家劈开之后，里面生出了桃太郎。对于桃太郎的出生和桃子在这其中起到的作用及象征意义，虽然还存在一定的争议，但是，桃太郎能驱鬼和桃子是辟邪之物，这其中的逻辑关系与象征意义还是不言自明的。

五、黄泉

白居易的《长恨歌》中,描写唐明皇寻找杨贵妃时,写有"上穷碧落下黄泉,两处茫茫皆不见"。作品中杨贵妃由于兵变被赐死在马嵬坡,作品的后半部分,唐明皇思念杨贵妃,满世界地寻找。"碧落黄泉"指从天上到地下,无所不包的范围,在这里也是遍寻杨贵妃之意。黄泉,在中国文化中是指人死后所居住的地方。黄泉这种说法起源于道教,即人死之后的去处,也称阴曹地府。在我们的印象中,这是个阴森恐怖、充满鬼哭狼嚎的地方。

黄泉一词的出处是《史记·郑世家》:

> 庄公元年,封弟段于京,号太叔。祭仲曰:"京大于国,非所以封庶也。"庄公曰:"武姜欲之,我弗敢夺也。"段至京,缮治甲兵,与其母武姜谋袭郑。二十二年,段果袭郑,武姜为内应。庄公发兵伐段,段走。伐京,京人畔段,段出走鄢。鄢溃,段出奔共。于是庄公

迁其母武姜于城颍,誓言曰:"不至黄泉,毋相见也。"居岁余,已悔思母。颍谷之考叔有献于公,公赐食。考叔曰:"臣有母,请君食赐臣母。"庄公曰:"我甚思母,恶负盟,奈何?"考叔曰:"穿地至黄泉,则相见矣。"于是遂从之,见母。

郑庄公的父亲是郑武公,郑武公娶姜氏为妻,生有两个儿子,大儿子叫寤生,二儿子叫段。姜氏偏爱二儿子,希望郑武公立段为太子,可是未能如愿,姜氏一直怀恨在心。等武公去世后,寤生继承王位,号郑庄公。姜氏煽动次子段篡位,但后来被庄公识破,段自刎而死,庄公大怒之下把母亲从京城赶到颍地,发誓说:"不到黄泉不相见。"可是他事后非常后悔,思念母亲。

时值膳房送来一只蒸羊,庄公割下一条羊腿给当时颍地的官员颍考叔。考叔却将羊肉撕下放于袖中。庄公不解。考叔说:"我家母亲因家中贫困,从不曾吃过如此美味,我要拿回家给母亲食用。"庄公不觉凄然。考叔知道已经说动了庄公,却因为有"不到黄泉不相见"的誓言所阻,于是献计,挖掘地下,直到泉水涌出时,建一地下室,然后把母亲接来居住。最后终于使庄公母子团聚。

在中国的神话以及传说中,"黄泉"给人的印象就是黑暗的,并且是在地下,是人死之后经过一些流程才能去到的地方。日本神话中死者的世界也称为"黄泉"。《古事记》中

有如下的记载:

> 伊耶那岐命欲见其妹伊耶那美命,遂追往至于黄泉之国。女神自殿堂的美门出来,伊耶那岐命乃说道:
> "亲爱的妹子,我和你所造的国土尚未完成,请回去吧。"
> 伊耶那美命答道:"可惜你不早来,我已吃了黄泉灶火所煮的食物了。但承亲爱的吾兄远道而来,我愿意回去。且去和黄泉之神相商而来,我便回去。请你切勿窥看我。"这样说后,女神退入殿内,历时甚久。伊耶那岐命不能复待,拿下左鬓所插的木栉,取下旁边的一个栉齿,点起火来……[1]

在《古事记》中,伊邪那岐命和伊邪那美命奉天神之命创造世界。但是在生完火神之后,伊邪那美命去世。作品中描写道,伊邪那岐命思妻心切,追到黄泉国要把伊邪那美命带回来。但是伊邪那美命说自己已经吃了黄泉灶火所煮的食物,已经不是自由之身。在中国神话中,黄泉路上喝了孟婆汤会忘记前世的事情。《古事记》中,这个故事里的食物虽然不知道是什么,但是可以看出死后世界与生前世界通过食物切断联系这一点是相似的。另外,在《古事记》中,可以发

---

1. 太安万侣. 古事记[M]. 周作人, 译. 北京: 中国对外翻译出版公司, 2001.

现黄泉世界也是黑暗无光的,因为伊邪那岐命需要点火才可以看清周围的事物。

在《古事记》中黄泉国有出入口,称为黄泉比良坂,与"苇原中国"相连。伊邪那岐命追寻亡妻伊邪那美命时,曾从此入口进入黄泉。在《古事记》中,之后又提到过"根之坚州国",依然是亡者的去处,但是根之坚州国和黄泉的关系在作品中并没有言明。根之坚州国和黄泉是不是同一个去处,又为什么是两种说法,迄今并没有定论。所以,《古事记》中的黄泉与中国神话中的黄泉虽然同指死者的去处,但是从细节看并不相同。那日语中的"黄泉"又指什么呢?

"黄泉"这个词在日语中有两种读法——"こうせん"(kousen)和"よみ"(yomi)。第一种读法是属于汉字的音读法,即从中国引入的词汇的读音?第二种读法是训读法,即利用日文原有的读音加上意思与之相同或相近的汉字做表记。"よみ"的词源有说是"やみ"(闇,yami)。"やみ"这个词原意为阴暗的、不透光的,正对应了死后世界的暗无天日。所以对于《古事记》中"黄泉"一词的解读,最有力的说法是"よみ"原本是日语原有词汇,代指死后世界的阴暗,以中文汉字中与之意思相近的"黄泉"来用作表记方式。这样看来的话,虽然同为死者的世界,但《古事记》中的"黄泉"并不是我们中国文化语境中的黄泉,只是借用这两个象征着死后世界的字,来表达死者的所去之处。

六、学问之神和梅花

位于日本福冈县太宰府市的神社太宰府天满宫是日本有名的赏梅胜地,每年到了梅花盛开的时候,都会迎来各地游客前来观赏。在本殿右前方有一株梅树,每年春天最早开花,传说是由京都飞到这里,所以有"飞梅"之称。与"飞梅"相对的是另一株梅树,由当时的皇后所赐,又称"皇后梅"。6000多株梅树将天满宫分为多个区域,其中有许多观光名胜,如桃山时代(即织丰时代,公元1573年—1603年)风格的本殿(该殿供奉着菅原道真公),名为"飞梅的神树",收藏国家级文物的宝物殿等。

当然,有些游客来到此处参拜,也不单单是为了欣赏梅花。天满宫供奉的菅原道真公,在日本被誉为"学问之神"与"书法之神",受到全日本的尊敬。这里是祈求金榜题名的圣地,许多疼爱孩子的家长和高考在即的高中生都来此求其保佑,在小木板上写下他们期望成功的愿望。

梅花原产于中国。日语中梅花的读法是"うめ"(ume),

关于其语源的说法有几种：有说是借鉴了中文"梅"的发音，也有说是受到了朝鲜语发音的影响成为今天的读法，还有一种说法是对中药材中"乌梅"的误读。但是无论哪种说法，梅花产自中国并传到日本，这是不争的事实。至于梅花是怎么传入到日本的，说法也不统一。有说是在弥生时代自朝鲜半岛经传到日本，也有说法是被遣唐使带到日本的。

而说起日本最喜欢梅花的名人，当属菅原道真。菅原道真是日本平安时代中期的公卿、学者，日本古代"四大怨灵"之一。他生于学者之家，长于汉诗，被日本人尊为"学问之神"。877年任贰部少辅，并为文章博士。深得宇多天皇、醍醐天皇的信任和重用，891年任藏人头（天皇身边掌管文书、宫廷仪式、传诏敕等事务）。894年被任命为遣唐使，但根据唐朝国内形势和渡海艰险，提出停派遣唐使的建议，故未成行。895年任中纳言，后兼任民部卿。899年任右大臣职。901年因左大臣藤原时平谗言于天皇，被贬为大宰权帅，调往僻远之地，不久死于贬所。903年追赠正一位太政大臣。

菅原死后因后来发生的清凉殿落雷事件，被尊为"雷神""文化神"。著有《类聚国史》《菅原之草》《新撰万叶集》和《日本三代实录》等。

在这里，还要说一下菅原道真和日本新年号"令和"的关系。"令和"出自日本古籍《万叶集》第五卷《梅花歌卅二首并序》中的"于时初春令月，气淑风和"一句，汉文全文如下：

天平二年正月十三日，萃于师老之宅，申宴会也。于时初春令月，气淑风和；梅披镜前之粉，兰薰珮后之香。加以曙岭移云，松挂罗而倾盖；夕岫结雾，鸟封縠而迷林。庭舞新蝶，空归故雁。于是盖天坐地，促膝飞觞。忘言一室之里，开衿烟霞之外。淡然自放，快然自足。若非翰宛，何以摅情？诗纪落梅之篇，古今夫何异矣！宜赋园梅，聊成短咏。

这是时任大宰府的长官大伴旅人在其宅邸所作的32首吟咏梅花的诗中的序文。道真的母亲出身于大伴氏，而诗歌的创作场所正是道真身死之处。所以，新年号和道真的生平似乎冥冥中有着联系。

《万叶集》，日本国立国会图书馆藏

七、《竹取物语》

《竹取物语》是这篇文章的简称，原本的名字比较长——《从〈竹取物语〉作为古典科幻小说成立的条件看中国文化的影响》。

作为日本最早的小说《竹取物语》，它和我国西南地区的《斑竹姑娘》以及《嫦娥奔月》的故事极为相似，但并不能说明它们彼此间存在影响关系以及存在怎样的影响关系。有的日本学者便曾据此主张，"嫦娥奔月"的故事实则受到了《竹取物语》的影响而生成。

《竹取物语》又被称作《辉夜姬物语》，作者不明，大约诞生于10世纪。小说叙述一位名叫赞岐造麻吕的伐竹老翁，有一次在伐竹时，从一棵闪光的竹节里剖出一个3寸高的小女孩，捧到家放到竹笼中和老伴一起抚养。3个月后，她就长成了美貌的大姑娘，取名为秀竹辉夜姬。

此后，老翁在伐竹时常从竹节中得到黄金，于是富了起来。姑娘美名传遍各地后，求婚者众多，后来世界上所有的男子，无论高贵还是卑贱，都知道了这个传说中的美丽姑娘，并想方设法要娶她回家。其中最热心的是五位贵公子（都是日本历史上真实存在的人物）。姑娘向他们提出了难题作为条件，约定谁先完成了便可成婚。于是，她让石作皇子到天竺国取来佛的石钵，让车持皇子取来蓬莱的银根、金茎、玉果树枝，让阿倍右大臣取来中国的火鼠皮裘，让大伴大纳言取来龙颈上的五彩珠，让石上中纳言取来燕子巢中的宝物子安贝。结果，五位公子都没有成功。此事被皇帝知道后，派去使节求婚，被姑娘拒绝。最后，天皇扮装打猎，见到了美貌非凡的辉夜姬。然而，辉夜姬并不为其所动，赋和歌一首，以示心志："蔓草丛生处，蓬门虽贱我心安。经年长住地，不思他去我心坚，玉宇琼楼亦枉然。"

终于有一天，辉夜姬说："只要一看到月亮，就禁不住感到这个世界很可怕，心里就悲伤起来。"于是，她向养父母道出真情，说她原本就是天上的仙女，这个八月十五日夜，她将随天界来人返回月宫。皇帝得到消息后，派出禁军2000人手持弓箭严守姑娘一家，老翁锁好窗，老妪在房中紧抱女儿。八月十五日夜终于到了。这一夜，明月上升，忽然天仙自空驾云而至，武士们却浑身松软，丧失战斗能力。飞车上下来王者模样人，宣称姑娘本系夫人，有罪贬于人间，今罪限已到，当即迎返月宫。姑娘依依不舍，把仙人带来的不死之药转赠给皇帝，修书一纸，然后登车飞升。皇帝十分感慨，命人将不死药放到骏河国山顶点燃成烟。从此，这座山便称作

"不死山"（富士山），据说山上的烟至今还缭缭在云中上升。

这部小说后来一般被称为《竹取物语》，这也是日本古代文学第一部"物语"小说，标志着"物语"作为一种稳定成熟的文学类别开始出现。这部小说被称为日本小说史的开端，还缘于其标记的方式是假名，而非汉字。而且，它对后世文学产生了巨大的影响，也直接影响了200年后《源氏物语》的诞生。

我们自然不否认《竹取物语》在日本文学史上的意义，也无法否认它作为日本民族文学明珠的骄傲。但作为一部优秀的具有开创意义的作品，其优秀之处恰恰在于小说没有局限于继承传统，而是以开阔的世界意识，吸收了外来文化的观念形态和艺术表现手法，并把它们融入自己的创作之中。

不过，至于《竹取物语》是否受到外来文化的影响，在20世纪尚有争论。今日，学界则基本都认识到了《竹取物语》从中国文学尤其是《斑竹姑娘》中吸收和改变的内容。不过，除了严绍璗等少数研究者之外，学界尚未注意到，《竹取物语》中的中国文化接受，并非以单一的样态出现的，即并非对《斑竹姑娘》这一篇传说的接受而产生了《竹取物语》。在《竹取物语》中，中国文学的影响主要体现为文化深层本质性的作用，从思想史的角度观察，则是世界观念整体性的影响。

我们换一个角度来思考这个问题——从《竹取物语》作

为古典科幻小说成立的条件,来看其所受外来文化的影响。也就是说,今天,我们引入古典科幻小说的概念去理解二者之间的影响关系。

何谓科幻小说?存在古典科幻小说吗?

科幻文学抑或科幻小说,作为文学创作的事实以及作为一种文类或文体早已被大众和市场接受,但在文学史中尚未有确切的定义和位置。一个很重要的原因是,众多评论者都认为科幻文学中的"科",即"科学",自然也是近代以来才有的话语方式,因此,科幻文学是近代以来才出现的文学现象。

不过,若是站在一个更高的角度看待科幻文学,我们可以看到,所谓科幻文学的科学因素也好,后人类和末世想象也罢,在本质上是一种新的世界观对既有世界观的冲击。换言之,科幻文学在思想史的意义上,乃是世界观的裂变——对既有观念的怀疑和否定,对未来的不安和期待。

在上述视角下,我们可以说,科幻也有古典的时代,即也存在古典科幻文学。这种古典文学,表达了一个新的世界观已经萌芽、生成或成熟、确立等。

正如很多学者已经关注到的那样,《竹取物语》中安排的主要情节——月界仙女辉夜姬在竹子中诞生,长大后因为美丽而被男子求婚,辉夜姬拒绝求爱而出难题,最后辉夜姬鄙视世俗而升天。这些情节在中国古代多民族的传说中,也类似地存在。而且,从世界观的角度来看,在竹子中诞生这一情节在中国本土的流布和传承有着一个完整的变化脉络：从竹子本身作为女性，到竹子作为生出女性的母体，经历了由竹子本体论到客体论的变化，这一变化和月亮在传说中从本体论到客体论的变化是一致的。变化一致的原因是人们的世界观念发生了变化。

我们先看一下"湘妃竹"的故事。传说，贤明的君主尧把女儿娥皇和女英嫁给舜，后又把帝位禅让给他。舜在晚年的时候，到南方的苍梧（即九嶷山）一带去巡视，他的两个妻子娥皇和女英也跟着前往。由于过度操劳，舜刚刚到九嶷山就病死了。娥皇和女英痛不欲生，天天望着九嶷山哭泣，滴滴泪水挥洒在竹林里。竹子上从此留下了斑斑泪痕，后人便称这竹为"斑竹"。两人投水自尽后变为湘水之神，斑竹也就成为她们的化身。[1]

严绍璗先生曾言，"湘妃竹"这个传说是把"竹"与女性看成一体，意"竹"为女性的化身，所以，以后便有了"竹生"传说（从竹子中生长出女孩子）。既然"竹"为女性的化身，它便有了生殖的功能。公元5世纪南朝宋刘敬叔撰《异苑》，有"竹生殖"故事曰："建安有篔筜竹，节中有人，长尺许，头足皆具。"[2]

福建地区有一则名为《月姬》的古老民间故事。它叙述

1.《博物志·史补》："尧之二女，舜之二妃，曰湘夫人。帝崩，二妃啼，以涕挥竹，竹尽斑。"
2. 严绍璗. 中国文化在日本[M]. 北京：新华出版社，1993：64.

了一位伐竹的樵夫，有一次听到竹子中有哭泣的声音，便把竹子劈开，从中跳出了一位小女子，自称是从月界来的，樵夫遂为其起名为"月姬"。没过多久，月姬就长成一位美丽超凡的女子。[3]

而广为流传于四川藏族地区的《斑竹姑娘》的古老传说，在情节上则与日本的《竹取物语》更加相近。《斑竹姑娘》的传说，是20世纪60年代才被我国民俗学者发掘的一个民间传说，在此之前，是以口头传承的方式流传下来的。如今，我国部分地区的小学四年级语文教材中就有《斑竹姑娘》的内容。故事的大意如下：

在四川金沙江畔有一处风景秀丽、气候温和的地方。村里的人们喜欢种竹子，尤其喜欢种楠竹。楠竹比楠木长得还高，用处也非常多。村里一户贫穷的母子守护着祖先留下来的竹林。但管辖这一带的土司是一个非常贪婪的人，他买下了村里所有的竹子并命令长成后砍掉。

这户穷人家的母子忍着眼泪看着楠竹一天一天向空中长去。少年朗巴（藏语"儿子"）非常喜欢其中的一棵楠竹。朗巴的眼泪落到楠竹上，楠竹便长出斑点来。可是竹子长到和朗巴一般高的时候就再也不长了。过了一年，土司派人砍楠竹来了。朗巴趁土司派来的人没注意，把那棵楠竹藏到深渊中，后来又把它拽了上来。可奇怪的是从竹子中传来了哭

---

3. 严绍璗. 中国文化在日本[M]. 北京：新华出版社，1993：64.

声。朗巴小心地劈开楠竹一看，里面竟有一位可爱的女孩子。这个女孩很快长大，母子俩都叫她"斑竹姑娘"。随着年龄的增长，两个年轻人相爱了，母亲也希望她能够成为自己的儿媳。

那个贪婪的土司死后，他的儿子便和商人的儿子、官家的儿子、骄傲的少年、胆小而又爱吹牛的少年成了朋友。这5个人根本没什么真才实学。他们看到美丽的斑竹姑娘便来求婚。朗巴不在，母亲感到很为难。斑竹姑娘于是给他们每个人出了一道难题，并给他们3年的时间来解决——让土司的儿子寻找一口撞不破的金钟，让商人的儿子寻找一棵打不碎的玉树，让官家的儿子寻找一件烧不烂的火鼠皮衣，让骄傲的少年寻找一颗燕窝里的金蛋，让胆小而又爱吹牛的少年寻找一枚海龙额头上的分水珠。

因为，这5个难题本就无解，而这5个男人想要依靠欺骗的手段蒙混过关，最终都被斑竹姑娘拆穿而失败了。于是，斑竹姑娘就和发现她的少年朗巴结为夫妻，过上了幸福的生活。

1977年初，日本学者关敬吾根据两者在求婚情节上的类同与相似，在《日本之昔话——比较研究序说》(『日本の昔話——比較研究説』)中写道："最近，发现了和《竹取物语》在基本结构和思想观念方面几乎相同的藏族民间故事。《竹取物语》被称为传奇小说之祖，但是关于它所依据的原型却从无定论，大致可说是外国民间故事的改编"。"根据最近发现的藏族的《竹取物语》,我国最早的这部小说的创造性便被否定了。"

以上的论断并无大碍,它在一定范围内指出了《竹取物语》故事素材可能性的原型,值得肯定。只是近代以来的人文学术研究,往往自诩以人文科学之美名,追求一种"客观事实"。在我看来,这恰恰是真正人文学术的"污名"。科学乃是证伪之学,其并非表达一个明确的客观真理,而是追寻一种广义逻辑的自洽和他洽。尤其量子力学理论创立以来,科学已不再是客观学术的代名词,但人文学术却依然以科学之名,膜拜和遵循着贴敷于人类感知经验的实证研究路径(科学的低端逻辑),而遗忘了科学之上的哲学法则、人文学术之中的生命追问。

换言之,我们认为考察《竹取物语》和《斑竹姑娘》的影响关系,不应该仅仅停留在后者作为素材和情节对前者影响的层面,而应该从生产此类文学背后创作者们的世界观念和生存观念的角度去理解。因此,我们还应该看到:《斑竹姑娘》这一传说的主题,在于通过斑竹姑娘的婚姻,表现劳动者的纯洁与尊严,以"五个难题"的情节来揭示庸碌与虚伪的世相。这与《竹取物语》几乎完全一致,显示了创作主题的一致性和民间品格,这也是文学的魅力之一。

此外,更为重要的是,按照古典科幻小说的思路,我们主张,《竹取物语》所受的《斑竹姑娘》这类求婚奇幻故事的影响并非是本质性的,而《嫦娥奔月》所代表的"飞天"神话传说对《竹取物语》的影响才是更为深层次的。

这样的观点肯定会招致大多数人的不满。因为我们熟悉的《嫦娥奔月》与《竹取物语》在情节上除了结局都是"飞天奔月"之外，绝无相近之处。嫦娥和辉夜姬在人物形象的设置方面也无类同之处吧？

其实，嫦娥和辉夜姬之间的关系还真不一般。从她们的名字上训解可知，辉夜姬或者嫦娥就是月亮神，就是月亮本身。

嫦娥乃是居住在月亮广寒宫的仙女，辉夜姬也是月宫里的仙女。辉，乃是光亮之意；夜，则是夜间、夜晚之意，因此，辉夜姬其实就是月亮女神。而"嫦娥"原作常仪、姮娥和恒娥等，就是"永远年轻的美女"的意思。据《山海经》记载，她最初是东方大神"帝俊"（又叫"帝喾"）的众多妻子之一。因此，在女娲之后，作为月亮的"一线代言人"，她其实就是最著名的中国版的月神，传言她曾生出了十二个月亮。但不管怎样，中国的"嫦娥"与日本的"辉夜姬"之间存在着对应的关系，两者意思完全相同，都是月亮之意——"嫦"意味着永远明亮的月以及皎洁的月色，相当于"辉夜"；而"娥"即为"姬"，少女、女性的代称。因此，我们可以说，辉夜姬就是嫦娥，嫦娥就是月神，月神就是辉夜姬。嫦娥和辉夜姬本为同一个形象，只是在不同文化编码内有不同命名而已（后来者肯定是对前者形象的变异接受和处理）。

但是，我们惊讶地发现，在《嫦娥奔月》以及《竹取物语》中，无论嫦娥还是辉夜姬，最后都抛弃尘世，飞向月亮而升天。也就是说，月亮早已存在，这两位美女只不过是居住在月亮宫殿的仙女而已。不知何时，月亮从女神本身，变成了女神居住的地方！月亮从神的本体论转向了神的客体论。

世界上各国的创世神话，也就是最为古老、最为原始的神话系统中，月亮和太阳一样，都是神本身，如希腊神话中的太阳神阿波罗、月亮女神阿耳忒弥斯，日本神话中的太阳神天照大神、月神月读命，埃及神话中的太阳神拉神、月神托特神等，这些都属于第一代神话形态，月亮和太阳在神话系统内本身就是神——具有和人类相同性情的神。

而《嫦娥奔月》以及《竹取物语》中，月亮神从本体论转向客体论，意味着一种新的世界观念的诞生。这种世界观念反映了在前科学时代，人类对于世界的探索又有了新的进展，并通过神话的方式对旧有的神话系统进行了改造。因此，这两个神话传说便具有了古典科幻的特质。

我们可以将《嫦娥奔月》以及《竹取物语》中的月亮神话，统称为"月亮仙女"神话系列，以区别原有的"月亮神"系列。这一新的变化，最早出现在秦汉时期中国文化的神话观念中。

完成于8世纪初的《古事记》中记载着日本太阳神和月亮神的故事，大意是：

伊邪那岐命和伊邪那美命兄妹成婚，生下日本众多岛屿。后来伊邪那美命生产火神时丧命，命归黄泉。伊邪那岐命寻找妻子，却看见妻子显现出的丑陋面孔，落荒而逃。在途中被禊，洗左眼时化成的神天照大御神，洗右眼时化成的神月读命，洗鼻子时化成的神速须佐之男命。伊邪那岐命分别派他们治理高天原、夜之国和海洋。

从中可见，日本在8世纪初，其神话还属于原始形态的阶段，即月亮神就是神本身（实则是人的化身）。而到了《竹取物语》中，月亮就不再是神本身，而成了神所居住的场所。原始形态的神话中的日月星辰，从人格之神，变成了人类向往的仙境和神人之原乡。这样的改变，在世界文化史范围内是汉文化独有的一种现象。这一变化有着中国历史文化发展的特殊背景。我们可以结合秦始皇海外寻仙丹的故事来加以说明。秦始皇向往永生，于是求助于道家方术。[4]道士追求永生最初的基本路径是炼制仙丹，服用仙丹后造就不死之身。但现实却只能是以失败而告终。一部分道士继续炼丹，失败而爆炸，从而不小心"发明"了火药；另一部分道士则开始改变策略，声称要想成仙（老而不死曰仙）不是修炼服用丹药，而最快捷的方式是去神仙居住的地方，逃避时间使人衰老的魔力。于是，这批聪明者在不能满足秦始皇这些权势者索要仙丹的要求后，为了免于死罪，就编造谎言，寻求逃脱的方法。而海外与中原地区在历史上的交往及相应海外岛夷的传说不绝于耳，一直刺激着中原人的想象力，于是，这些道士便谎称海外蓬莱仙岛的确存在，可以去那里向仙人寻求长生不老药。

---

[4] 老庄思想讲究顺其自然，超脱生死，并不贪生，"长生久视，羽化登仙"只是道士或称之为方术之辈的演绎。道士多半是基于人们贪生的欲望而对原有道家思想进行有意扭曲的一批投机主义者。《太霄琅书经》称："人行大道，号为道士，……身心顺理，唯道是从，从道为事，故称道士。"

换言之，道家方士认为，永生就需要服用仙丹，而人类炼丹技术还不够发达，当下阶段，想要永生不死，只能去仙境寻求仙人的帮助，得到长生不老之药。在这些道家方士的策动下，嫦娥奔月的传说也开始慢慢成形，近似一个广告标语——为了永生，去仙境旅行。[5]也正是在他们的鼓动下，秦始皇才不惜财力人力资助徐福远赴虚无缥缈的"蓬莱仙境"获取"永生之药"。

恰恰是这群道家方士的美丽谎言，让中国神话中的日月神中的月神（恐怕是太阳给人类带来的直观印象——炎火之地不符合对仙境的想象吧）由神仙本身变为了神仙居住的仙境，完成了月亮神话的本体论向客体论的转换！

而日本文学作品中接受月神"客体论"的新观念的时间，据严绍璗先生考察，大约在9世纪初的嵯峨天皇时代，最早表现在以《文华秀丽集》为代表的汉诗创作中。例如，嵯峨天皇所作的《侍中翁主挽歌词》之二曰：

咸里繁华歇，皇家淑德收。
悲伤盈旦暮，凄感积春秋。
月色姮娥惨，星光织女愁。

---

5. 永生，应该是人类共同的梦想吧。这些道士成功地制造了一个美丽的梦想，将帝俊之妻生十二个月亮的故事，与作为帝俊的手下后羿射杀河伯而夺取其妻的传说串在一起，编织成了一个新的神话传说——嫦娥奔月。但这个新的神话颇令人费解，即便在屈原看来，也难以理解。所以，屈原在《天问》中才说：帝降夷羿，革孽夏民，胡射夫河伯而妻彼雒嫔？"即，屈原发问道：帝派羿下世，应该是为了革除天下的孽苦，可是为什么羿却射杀河伯而以雒嫔为妻呢？

一闻萧管曲,日夜泪同流。

——《文华秀丽集》卷中,No.88

天皇的文学侍臣桑原腹赤在《奉和伤野女侍中》中也说:

思媚一人客发老,崦嵫暮曷不留年。
孤坟对月贞女硖,阅水咽云孝子泉。
柳絮文词身后在,兰芬妇德世间传。
古来蒿里为谁邑,今日松门闭鬼埏。
野暗骖嘶通白雾,山空挽响入黄烟。
何崇盗药求仙台,不朽哀荣降圣篇。

——《文华秀丽集》卷中,No.84

这是两首作于9世纪初期的悼亡诗。诗中说"月色姮娥惨""何崇盗药求仙台",已经有点近似李商隐所言的"嫦娥应悔偷灵药"内容了。这也说明,日本古代的一些受到汉文化影响的知识分子,重新思考《古事记》所记载的月神的神话思想,开始尝试借用外来的汉文化中的月亮作为仙境的意象来创作了。[6]

因此,可以说中国汉文化中关于月神客体化的新的神话观念,以9世纪日本汉文学为媒介,并在《竹取物语》中获

---

6. 严绍璗,中西进.中日文化交流史大系·文学卷[M].杭州:浙江人民出版社,1996:210-211.

得了充分的表达。

总而言之，我们将《竹取物语》看作是日本古典科幻作品，并非源于故事里面乘坐"云车"登月球的想象，也并非源于奔月背后人类渴望永生的这一科幻的主题，而是源于这部作品呈现了一种新的神话观念，而神话观念变化的背后是人类新的世界观的萌生。这一新的世界观念，一方面表现在对自然日月星辰认知的进步，尤其是天文学取得的重要进步。对天体的观察记录日渐完备，人们也开始不再拘泥于神话思维去诠释世界，而是以相对客观和相对科学的眼光去观察和理解世界，月亮变成了一个可以居住的场所。另一方面，也说明了秦汉时代中国与周边国家和地区的交往日益密切的事实，中原人开始对四周的世界进行探索和想象，这为之后的文献记载提供了信息和数据。如梁元帝萧绎绘制的《职贡图》内有35个国家和地区的信息和地理位置。其实早在先秦时代，中国古代文献中就已有了初步的海洋意识，关于海洋、海外的想象开始和日常现实中对内陆的认知并行，共同建构了先秦民众的世界观念以及对世界的想象。

回过头来，必须说明的是，本文所引入的"古典科幻文学"的概念，并非是一种既定的文学类别，而是把"科幻"作为一种观照的方法和立场，以"科幻小说""科幻文学"的视角去观察文学史，去发现不太一样的文学史的原貌。之所以这样说，其主要的理由是，科幻文学给我们提供的一种"奇观"的幻想，恰恰是"科学"带来的。而"科学"思维生成的本质，实际上意味着世界观的改变。所以，此处的"科学"就具有了历史性、前科学性和古典性的意味。

或许是画蛇添足之说，人类对于其生命孕育过程的认知，经历了母性为生命之源、男性种子学说、男女（阴阳）交合以及试管婴儿和基因克隆等阶段，今日人类正向着"非人类"即"智能人"的方向一路狂奔。如果说，今日我们认为试管婴儿和基因克隆才是科学的话，那么相较于母性为生命本源的观念，男性种子学说就有了一定的进步性，而相较于男性种子学说，男女结合而生产就更加接近一种"科学"的判断。这一点在《竹取物语》中也有一定的体现。

在生命起源的问题上，《竹取物语》中呈现了如下的认知：生命源于母性生殖孕育生命（竹子就是受孕的母胎，竹子发出声响，意味着胎动）。这相较于先前文献如《华阳国志》《后汉书》等"竹子传说"中竹子作为女人，即生殖的本体出现的观念，是有进步的。那么，在《竹取物语》中，女人被隐喻为竹子而不再出现，即生母隐藏了作为人的身体，而生父缺失（竹生乃是"弃子"的隐喻）以及养父的出现，这一系列古代文学中鲜有的"奇幻"景象，又反映了现实世界中怎样的观念形态呢？

八、物哀

日本，作为文化意义上的存在，不同于哲学之于德国、伦理学之于中国，日本文化之独特和价值首先体现在提供了有别于其他国家的美学范畴。物哀，则是今日日本文化视野中被认为是最重要的一种美学范畴，无论作为知识界的文艺美学，还是以日常消费产品的形式，经由全球资本市场和思想的环流，在世界范围内被广泛地传播。物哀，成为日本之所以是日本的文化表达，甚至被认为是日本美的核心。

与欧洲的宗教与哲学处于其自身文化的核心不同，文学和美术，处于日本文化中心的位置。因此从《源氏物语》中的幽情物哀，到中世纪的幽玄，再到江户时代国学家本居宣长提出的"物哀论"；从《古今和歌集》中日本人的真心和叹息，到樱花之大和魂，再到川端康成和三岛由纪夫的文学以及当下动漫中的物哀情深……"物哀"似乎一直都是日本文艺思想和美学中最为重要的那个声音，是日本文化中最美最动人的那个部分。

甚至可以毫不夸张地说，物哀，是最具日本特色的一种美学和精神。所以，本篇文章我们就由此出发，在"中国文化在日本"这一特定的视野中，探究"物哀"美学理论生成的过程及原理。

也就是说，本文把"物哀"主要理解为一种美学思想，这与近代以来将"物哀"理解为伦理与意识形态的方向并行不悖，也是"物哀"最为重要的一种表达形态。从"物哀"的发生学的角度来说，唯有如此才能接近它的本意和原点。

理解"物哀"一个最重要的节点，自然是江户时代的本居宣长。"物哀"在本居宣长手中变成了日本历史上固有的、特有的、美好的日本民族传统的美学思想和理论。自此以后，包括我们对于日本"物哀"的理解，都只能在本居宣长所建构的"物哀"思想框架之下去理解。

当然，我们理解的"物哀"不同于本居宣长所理解的"物哀"，因为，在我们和本居宣长之间，还有众多的中介和通道。即我们对"物哀"的理解，是建立在大西克礼、和辻哲郎、丸山真男、子安宣邦等为代表的近代学者对"物哀"的解读之上，或是建立在我国学者对于"物哀"的解读之上的。而这些中介和通道无疑是我们理解历史的重要桥梁，却也是我们深入理解历史的障碍。

因为，即便我们不了解马克思所提出的文化普遍的传播和接受规律——"一切的理解都是普遍的不正确的理解"。我们也很容易想到日本近代以来的学者自身所具有的西方近代学术的思想和眼光，以及中国学者自身的文化视野和修养状态与我们自身的差异。而且，不得不说的是，国内最为流行的"物哀"观，恰恰遮蔽了历史的真实以及"物哀"真正的美学品质。

因此，作为研究的立场，我们只能选择回归"物哀"美学发生的历史现场，以发生学和诠释美学的立场去理解和观察本居宣长是如何将具体的、散见于日本文献中的"物哀"建构成一种日本独有的民族美学传统的。当然，我们是在"中国文化在日本"的视线下，考察日本独特美学的思想生成史，目的是想要说明，所谓日本最具影响力和特色的美学思想"物哀"，在生成的方法和路径上，在基本的内涵上，在思想的本质上，处处都有中国文化的影子。或者我们可以大胆地提出，正如本书的第一篇文章所示，"日本"的发现与在"中国"的视野中生成的一样，日本的"物哀"是在另外一个维度上，以"否定和排斥""变异而再生"的特定方式和手段，接受了中国文化的合理性要素与思想。

以下，我们将从几个方面依次展开讨论和说明：

第一，美学的本质是什么。

第二，《源氏物语》中的"物哀"与中国文化。

第三，本居宣长的"物哀"论与中国文化。

（一）美学的本质是什么

既然我们把"物哀"主要看作一种美学思想，那么我们必须首先追问一个问题，即"美学"的本质是什么。若非如此，我们的讨论很可能自说自话，难以有效展开。这也是我们今日在资讯发达、信息自由而泛滥的时代却更加看不到真相、浮游于现象表面,而无法进行有意义、有趣的对话的深层原因之一。

随着以海德格尔为代表的对本体论的讨论方式的哲学转变,关于美学是什么的讨论,到今天似乎也已经成为一种过去式。这已是一个不得不承认的事实。

作为现代美学的奠基者,无论是以感性兴发见长的宗白华,还是以理论建构著称的朱光潜,似乎都未能就此问题给出令人满意的答案。

不过,我们可以从朱光潜所著的《西方美学史》的序言中,找到一些线索:

> 照字面看,美学当然就是研究美。但是过去学者对此久有争论。德国哲学家鲍姆嘉通在一七五〇年才把它看作一门独立的科学,给它命名为"埃斯特惕克"(Aesthetik)。这个来源于希腊文的名词有感觉或感性认识的意义。他把美学看作与逻辑是对立的。逻辑研究的是抽象的名理思维,而美学研究的是具体的感性思维或形象思维。黑格尔曾指出"埃斯特惕克"这个名称不恰当,用"卡力斯惕克"(Kallistik)才符合"美学"的意义。不过黑格尔认为"卡力斯惕克"也还不妥,"因为所指的科学所讨论的并非一般的美,而只是艺术的美",所以"正当的名称是艺术哲学",黑格

尔自己的讲义毕竟也命名为《美学》，理由是这个名称"已为一般语言所采用"。鲍姆嘉通的《美学》发表在一七五〇年，足见美学作为一门独立科学，还是比较近的事。这并不等于说，前此就没有美学思想。人类自从有了历史，就有了文艺；有了文艺，也就有了文艺思想或美学理论。就西方来说，在古希腊雕刻、史诗和悲剧鼎盛时代，柏拉图就已经在《理想国》里着重地讨论了文艺及其政治影响，他还写了一篇专门论美的对话《大希庇阿斯》。接着他的门徒亚里斯多德就写了《诗学》和《修辞学》，从此这两位大哲学家就为后来西方美学的发展奠定了基石。[1]

接下来，朱光潜先生从另外几个方面对美学是什么进行了说明。简单来说，就是"美学实际上是一种认识论，所以它历来是哲学的一个附属部门"。后来，美学从哲学领域脱离而独立，但随着近代心理学、自然科学、生物科学和人类学等的发展，美学却又成了近代自然科学的附庸。

简言之，朱光潜先生基本上还是从历史发展的角度对"美学是什么"进行了介绍和说明，并未就"美学的本质"展开集中而深入的论述。

在20世纪80年代的"美学"热潮中，国内众多新锐学者

---

1. 朱光潜.西方美学史[M].北京：中华书局，2013：1.

基于普遍的人性和自身文化的反思，展开了关于"美学"的深度讨论和对话。但今日观之，尚未形成一种共识的结论。但正如邓晓芒所说，其实若回到马克思主义美学所指出的"人的本质的对象化"和对象、自然界的"人化"的思想。若要理解美的本质，就要回到马克思的"历史唯物主义"的思路上。若结合现象学的观念：自然界的客观，也是在你的感性直观中呈现出来的客观，它是通过你自身的主观的变化而不断改变自身的形象的。

此处借用邓晓芒的美学观点展开，在他看来，美的本质归结为这样三个互相辩证关联着的定义：

定义1：审美活动是人借助于人化对象而与别人交流情感的活动，它在其现实性上就是美感。

定义2：人的情感的对象化就是艺术。

定义3：对象化了的情感就是美。[2]

总而言之，在他看来，美的本质是一种作为情感的美感，它的实现形式是人情感的对象化，即艺术。

无疑，在他看来，美学是人性之学，关注人的情感和人的趣味。情感是美的核心，这一点我们很容易理解。而实现的形式，即"对象化"，按照马克思主义美学的观念可以理解为人在具体历史境遇中对自身的生存实践的主观确认和展开。

加藤周一在《日本的美学》一文中，提到水墨画和朱子

---

2. 邓晓芒.西方美学史纲[M].北京：商务印书馆，2018.

学的"日本化"问题时说道,这一变化的本质不是美学问题,而是世界观问题。无论哪种情况,推动艺术家或思想家的,不是对世界的好奇心,而是当事人内心的欲求。从外部客观世界转向了"我"内心的改善。

因此,本文认为,美学的本质,是一种特殊的世界观念,是人自身在具体的历史维度和普遍的人性维度上对现实生存境遇认知的情感化具象活动。

当然,这样做的目的,并非为了探讨美学的理论,进而推动对美学的深层认知,因为,以上的结论应该是关于美学达成的一个共识。我们提出这样一个共识作为起点,是为了以下探讨"物哀"美学方便而已。

(二)《源氏物语》中的"物哀"与中国文化

"物语"是诞生于约公元10世纪初的日本古典文学体裁,日语写作"物語"(ものがたり),是日本最早的小说形式。物语文学最初分为两类,一类为传奇物语,多为民间流传故事或对中国故事文学的再次加工,如《竹取物语》《浦岛太郎》;另一类是和歌物语,它以和歌与散文交融混合为主要文体特征,散文部分以故事的形式解释说明和歌所想表达的韵味,两者互为补充,较为典型的代表作是《伊势物语》。综合以上两种风格的创作特征,又融入大量细腻的心理描写而抵达高峰的是紫式部的《源氏物语》。

《源氏物语》被公认是世界上第一部长篇小说,成书于

11世纪初,约1001年至1008年之间,作为日本古典文学无双的高峰对日本文学的发展产生了巨大的影响。[3]

关于《源氏物语》中的中国文化因素的讨论已经十分丰富,此处关注的是《源氏物语》中的"物哀"与中国文化的关系问题。

本居宣长主张《源氏物语》是独特的物语文学样式,其特色主要在于,一个是用假名写作,一个是趣旨上描写"物哀"。这两个特色不同于中国的文学,是日本特有的传统,而非受到中国文化影响的结果。本居宣长展开他的"物哀"论,认为《源氏物语》是日本"物哀"美学的集中表达之作(《紫文要领》)。

那么,事实上《源氏物语》中的"物哀"与中国文化有无关系呢?

让我们回到《源氏物语》的文本。小说的第25回"萤"之卷中,作者借玉鬘之口道出了物语之本质在于描写物哀情趣的观点:"这些伪造的故事之中,看起来颇有物哀之情趣,描写得委婉曲折的地方,仿佛实有其事。所以虽然明知其为无稽之谈,看了却不由得徒然心动。"

据日本学者统计,《源氏物语》一书中出现"あわれ"(对应汉字"哀")多达1044次。不过,值得注意的是,如上引

---

[3] 不过,需要注意的是,《源氏物语》在文学史上的重要地位得到认可,也是近代才出现的事情,其过程不仅十分恰当地注解了传统是一种现代的发明之事实,也很好地说明了文化有时候在他者的视野中具有自我的意义。

文，小说作者紫式部并没有对"あわれ"本身进行理论的总结和形而上的把握。纵观全书，"あわれ"的出现基本上没有脱离源于"无常感"而生发的感性的叹息与哀怜的范畴。正如大西克礼所言，这充分说明了平安时代的精神世界所处的状态，那个时代是一个审美文化异常发达而知行文化极端幼稚的时代。因此，大西克礼认为《源氏物语》在博大的精神层面并不出类拔萃，其中很多地方也并不深刻。如，源氏和藤壶之间的不伦之恋，实际上其本身有着罪恶意识和深刻的人生体悟，但紫式部并没有把握到这一点，而只是停留在了感性的描写层面。

不过，若是站在日本文学思想史的脉络中，紫式部对"无常感"的捕捉和认知，既出于自身的自然感发以及对于日本"诚"（まこと）——忠实于人情的继承，又源于佛教的世界观的观照。

也就是说，《源氏物语》中的"物哀"情趣的核心是佛教思想的审美化表达，反映了那个时代特有的世界观和人生观。《源氏物语》主题和表达主题的方式，都是由那个时代的佛教思想所决定的。

众所周知，《源氏物语》以恋爱与情感为主要表现主题，而如何理解这些恋情就成为我们把握这部作品的关键。

我们先看主人公源氏，他气度高雅、风流倜傥、温柔体贴，集女性对男性所有的渴望于一身。不过，他又是一个"好色之徒"，见一个爱一个——年轻寡妇、有夫之妇、贵族弃女、乡野村姑等，不一而足。而且，他追求的手段花样翻新，每一次都真情投入。但他的"爱"给所"爱"的女人们带来短暂欢愉的同时，也给身边的女性带来无尽的痛苦，而且，这样的好色与风流也让源氏自身陷入深渊而难以自拔。

于是，我们看到，一方面，物语中的贵族男女，以源氏为代表都生活在"为情而生、为情而死"的日子当中；一方面，恋爱本身都自带一种不完满的结果，众多人物都因"情"而死，被赋予了一种悲剧的色彩，如桐壶更衣、葵姬、夕颜、紫姬、藤壶女御、柏木、源氏等，他们或抑郁而亡，或暴病而逝，或被诅咒而死，或因极度伤心而去。人生风流最终归入人生虚空，令人唏嘘不已。[4]

也如学界所指出的那样，《源氏物语》中的不伦之恋，最终的结果不是死亡，就是出家。"柏木"卷中写到柏木因思恋三公主病倒，死前仍与三公主唱和："身经火化烟长在，心被情迷爱永存。"三公主作歌答曰："君身经火化，我苦似煎熬。两烟成一气，消入暮云天。"两人的爱恋有违伦常，异常痛苦，给源氏带来伤害（也可以看成是对源氏与他人私通的报复）并最终落得一人离世一人出家的下场。

此外，我们还看到《源氏物语》中的死亡，是过滤了死

---

[4] 紫式部嫁给了比自己年长26岁的藤原宣孝，婚后育有一女，但结婚未满3年，丈夫就因身染流行疫病而逝。芳年守寡的她对自己人生的不幸深感悲哀，对自己的余年几近绝望。后来入宫做女官侍奉中宫藤原彰子，亲眼看到了宫廷生活的腐朽与衰败，因为不能融于其中而整日苦闷不安。家道中落、芳年丧夫、寄人篱下的种种不幸的人生遭遇使她深深体会到人生的悲哀，这也成为她创作《源氏物语》的直接内驱力。

亡凄惨和恐怖状态的死亡,也就是说,紫式部并不让读者面对死亡本身,而只是以"死亡"为手段,来描述、叙述死亡给周边的人带来的悲哀。如书中写到更衣之死,只是寥寥数笔勾勒了他临终前的病容——"芳容消减,心中百感交集……两眼失神,四肢瘫痪,只是昏昏沉沉地躺着",而其余文字多着力在因为更衣之死所造成的悲伤的氛围。可以说,紫式部所写的"死亡",与其说是肉身的腐朽和衰竭,不如说是一种情绪氛围的营造。因此,"死亡"在小说中被冷静地处理,就使得"死亡"成为一种过滤的装置,让原有的情感升华,人性得到净化。这种对死亡的态度,明显融入了佛教带来的往世超生等观念。因此,我们可以说,物哀审美的核心是佛教的一种无常观念。

如学者雷芳所说,这种佛教思想影响下的"无常观"在作品中具体体现为人生无常与社会无常。物质生活极度富裕的贵族阶级在精神上极度的空虚,他们的理想人生是人的自然感情不受任何阻碍,能够达到极大程度的放纵。他们的理想社会是以人情维系,通过相互理解、宽容、同情构成一个美好的人情社会。当他们的理想难以达成的时候,就认定人生与社会是"无常"的,从情感上以悲哀、痛苦、凄凉为主要色调。

我们也可以说,在生命的底层,每个人都必须面对巨大的虚空——出家或死亡,是紫式部基于自身坎坷的命运体悟,为整个平安时代的堕落和无可挽回的衰亡,所写下的预言和注脚。

对此,日本著名学者梅原猛曾言:"令平安时代的贵族倾心的,应是它所描绘的死亡浪漫主义。对无常与苦的世界的叹息、对深刻烦恼的呻吟、对现世绝望之余对可追求的甘美净土的憧憬、对美妙极乐的阿弥陀佛世界的赞歌,以及对冠以往生之名的死亡的祈愿,此类情趣成为平安时代的时代特色。以《源氏物语》为代表的那种美的情趣,除却《往生要集》[5]的影响无从考量。而且可以说正是这种情趣,才是形成日本情趣的主干的东西。"[6]

创作于950年左右的物语《大和物语》中有如下的段落:

> 在无聊的日子里,这位大臣身边有一个叫俊子的人,这是一位相当于姐姐的年轻女子。她长得像母亲并且很有情趣。有一位叫呼子的人也是知物哀、心性优雅的人。四人在一起畅所欲言,谈人世的短暂,谈世间的哀愁。大臣曾咏歌一首:
> 世事本无常,哀愁常相伴,日后可还能见君?
> 听的人全都悲伤地哭起来。

纤弱精细的情感与对"无常"直观的感受性,在这一点

5.《往生要集》,于985年由日本天台宗僧都源信所著,是日本平安时代净土念佛思想的重要著作,不但成为僧侣生活的最高指导原则,而且对贵族阶层影响极大。
6. 梅原猛. 仏教の思想2[M]. 東京:集英社,1982.

上与《源氏物语》别无二致。物哀与佛教中的"无常观"应该是这个时代相似的精神特质，是平安贵族相通的内心世界。

大西克礼在论及"物哀"之时，以同时代物语作品《荣华物语》[7]为例，明确指出，佛教思想已经融入平安时代贵族的内心世界，成为其精神的内部构成。

在该书的"玉饰"一章节，描写了道长女儿妍子的送葬仪式：

> 刚登上御车，就听见一阵骚乱的哭声。一品东宫的回廊隔板已经撤下，若是想要从中走过已经没有任何阻碍了。乳母们没有来，但单是从宫中传出的难忍哭声，就令人伤心欲绝。女房们菊花和红叶的内衣之上套上了一层藤衣，尤显悲哀之情更重。因为和平日的行程不同，这次出门不需要随即返回。秋季的天空没有遮日的云彩。
>
> 当天晚上月光明亮，就连人们脸上的神色、女房们衣裳上的花纹都能看清。这样的时候，凡是知物哀之人，都难免悲伤。而女房们的车队更令人觉得世事无常，于是咏歌一首：
>
> 身上着藤衣

---

7. 此书又称《世继》《世继物语》，共40卷，传为赤染卫门撰写。描述了从宇多天皇到堀河天皇15代天皇约200年间的宫廷历史，对藤原道长的描写尤为详细。该书被认为是最古老的以假名所写的历史小说。

悲从心中起

含泪送别离

花落叶凋零

抬袖欲拭泪

又见身上藤衣

谁人知

我心尤悲戚

可以说，物哀的审美情感，是平安时代一种共享的世界观念，是平安贵族在其具体的生存境遇中对生命和人的命运产生出的一种情感化的具象活动。

此外，佛教除了作为世界观和审美基调对《源氏物语》《荣华物语》等平安时代的文学产生深层影响之外，中国文学，特别是古代尚未被道德训诫的"情色"文学也对那个时代日本的物语文学的生成有着极为明显的浸透。而作为物语文学的鼻祖、影响着《源氏物语》之风格的《竹取物语》，其内在的生成，受到中国文学及其内在"神话客体"论的世界观转型等因素的影响，也已经成为学界的共识。所以，对此不再一一赘述。总而言之，《源氏物语》受到中国文化尤其是汉译佛教文化的影响是无疑的。《源氏物语》中的"物哀"，主要就是平安时期贵族精神世界流行的佛教世界观及其审美思想在文学层面的具体表达。

（三）本居宣长的"物哀"论与中国文化

江户时代的国学家本居宣长主要通过《排芦小船》《紫文要领》《石上私淑言》以及《源氏物语玉小栉》4部著作，以"物哀"为核心概念分析了《源氏物语》以及日本古代的和歌，阐述了日本文学的本质，从而将日本的"物哀"审美提升为一种独特的美学理论。

如上所述，本居宣长主张《源氏物语》是独特的物语文学样式，其特色主要在于：一个是用假名写作，一个是趣旨上是描写"物哀"。这两个特色均有别于中国的文学，是日本固有的传统而非受到中国文化影响的结果。

根据《源氏物语玉小栉》，我们可以将宣长的"物哀"论概括为以下4点：

1. 物哀与中国文化（儒教、佛教）无关，即排除"汉意"。

儒教：道德消泯人情。

佛教：绝情，不懂得人间美味、美色尤其是情色之事的乐趣。

2. 哀是物语文学的核心宗旨，《源氏物语》就是为了让人"知物哀"。所谓知物哀，是指人们面对世间万事万物，无论是喜悦、有趣还是悲伤、痛苦的事，只要目之所及、身之所触、耳之所闻，都感动于心，尤其对那些难以遂愿的悲伤、痛苦之事体会到刻骨铭心的感动。"心动"即"情动"。物语以"知物哀"与"不知物哀"之分，区别人物及作品的善恶好坏。

3.物哀与恋情密切相关,尤其是好色[8]、乱伦等恋情最能体现物哀。

4.恋情之外,引发物哀的事象还有:春夏秋冬的花鸟月雪等自然景象,人的容姿之美,人世的变迁和分离等。

由此可见,本居宣长眼中的《源氏物语》之美的核心就在于排除了中国文化,而呈现出了日本独特的"物哀"之美。我们不仅要看到本居宣长所主张的"物哀"之内容多在"人情和心动",尤其强调一种(儒教道德所不允许的)违背伦理的恋爱。我们更要注意本居宣长建构"物哀"美学的方法论,从其方法论中我们才能充分理解,对于本居宣长而言,"物哀"是一种方法和路径,沿着此路,既可以通往日本之大和魂,也可以通往他隐蔽的内心。

我们首先从本居宣长的一份回忆录性质的文字讲起,这时候他即将完成《古事记传》的工作,这也代表他学术事业的最终完成。就在此刻,他在《县居大人之教诲语录》,《玉胜间》卷二中写下了自己和老师贺茂真渊相见的场景:

---

[8] 古代中国文学中表现"好色"的作品,大概主要是两类。一类如宋玉的《高唐赋》《神女赋》、曹植的《洛神赋》等,它们擅长描写官能性的容貌姿态,善于从神韵上传达男女情爱。另一类如敦煌文献《斔䮒新妇文》那样,直露地表述一年四季春夏秋冬的性爱,而如白行简的《大乐赋》用华丽的骈文描写女性赤身的艳态,乃至于美的尸体,属于一种直露表达性本能的美文系统。紫式部在组织关于光源氏、薰君等男性权贵与诸多妇女的情爱故事时,对于男女人物的描述,去掉修辞性的虚饰,她在描写主人公的外形方面,采用的是古代中国文学作品中官能性的容貌姿态,而在其情节的进展中,从帝王、皇子、后妃、宫女,乃至婢女、丑女等等,几乎都沉浸于一种性官能的"大乐"之中。可以说这种表现的观念,与白行简等的作品相似,同属于那种直露表达性本能的美文系统。详见严绍璗《中国与东北亚文化交流志》。

宣长年过三旬之时，亲炙县居大人之教诲，有志于完成《古事记》之注释作业。大人闻之，告之曰：吾昔年亦曾有解读神之御典之志。须知，欲掌握古之真意，必先涤除汉意。然，欲得古之心，须先习得古言。习得古言，即为究明《万叶》。但，吾今年事已高，时日无多，研读《万叶》，究明神意，恐已力所不及。汝正值盛年，前程远大，自今而后，不懈努力，奋发精进，必可得遂所愿。

本居宣长对贺茂真渊说："我想完成《古事记》的注释工作。"贺茂真渊说："我年轻的时候也曾有意注解《古事记》。你要知道如果要掌握古人的意思，需要先剔除汉文化（汉意）的影响和干扰；而如果想要知道古人之心，则需要先学习古代人的语言，也就是要先从理解《万叶集》开始。我已经老了，只是完成了对《万叶集》的注解工作，你还年轻，只要努力肯定会完成这个理想的。"

本居宣长34岁遇见了已过了花甲之年的国学者贺茂真渊，虽然仅有一夜会面，但从此就拜在其门下，以书信来往的方式问学数十年。在这份回忆录性质的文字中，本居宣长以弟子的立场回忆了他们当时交流的话题，主要涉及做学问的方法和路径。其方法和路径即是，为了理解已经被遮蔽和曲解的神的意志，获得"古意"，抵达古代人的内心，必须先从学习古代语言开始，从研究日本最早的和歌集《万叶集》开始。

这无疑是一套完整意义的方法论体系。包含的世界观念是"日本神道"对世界的理解,目的是回归神道,方法是排除中国文化的干扰和遮蔽,从语言词汇出发,在文学抒情中理解日本人的古心和神意。

这无疑是一种文化复古运动,是一次思想的"古典复归"运动。而这次复古运动的方法,也直接借鉴了日本当时的另外一场复兴和复古运动,即儒学的复古运动的方法——古义学派和古文辞学派。只是伊藤仁斋的古义学派和荻生徂徕的古文辞学派其目的是排除宋明理学的干扰,而追求孔孟甚至先王之道的本意,而日本国学开创的神道复古运动,则把矛头对准了儒学、佛教等外来文化和思想。

文化思想史上任何一次"古典复归",都不可能是这场文化思想运动或这个文化思想流派的真正目的。任何的"思想转向"抑或"文化复古",都只是追求和解决现实问题的一种途径和手段。

为了说明这一点,我们有必要回到思想派别林立的日本江户时代。首先从江户时代朱子学的开山人物——藤原惺窝谈起。

朱子学派是日本近世儒学中最早形成的一个学术流派,它统贯于江户时代整个儒学之中,势力最为强盛。该学派创始于16世纪末的藤原惺窝。然而,让人吃惊的是,他原本是一名佛教僧侣。若你问他,为何从佛门步入儒学?他的回答或许会让你更加吃惊：

> 日本之神道，亦以正我心、怜万民、施慈悲为奥秘，尧舜之道，亦以此为奥秘也。唐土曰儒道，日本曰神道，名变而心一也。[9]

藤原惺窝离开佛门，提倡朱子学派，竟然是因为他发现中国的儒学（尧舜之道）就是日本的神道，神道和儒学只是名字不同，而追求的目标相同。

换言之，藤原惺窝皈依的与其说是儒学，莫如说是日本神道；进而言之，与其说他寻求的是神道，莫如说他真正支持的是"正我心，怜万民"的现实政治。现实中，藤原惺窝主张以宋代新儒学替代旧有的汉代儒学，受到了当时实际的最高统治者德川家康的热情接待，对他开展的活动予以诸多的支持。后来，被尊为朱子学集大成的林罗山，提出"神儒合一论"，坚守儒学本位主义，在思想上与之一脉相承，成为德川统治思想体系的重要组成部分。

而与此相对，在朱子学的门徒中，以伊藤仁斋为代表的日本儒学学者中开始出现"复古"的思潮，其真实的目标在于从朱子学与阳明学的斗争中挣脱出来，特别是在于反对垄断了官方哲学地位的朱子学，反对林氏朱子学派。在"古典

---

9. 严绍璗. 日本中国学史稿[M]. 北京：学苑出版社，2009：65.

复归"的旗帜下,日本儒学学者形成了自己的学术流派。古学派以恢复儒学古典相号召,排斥宋人新注,成为朱子学派最大的对手。[10]

与此相似,本居宣长的"物哀"理论的逻辑起点,是为追溯真正的日本神道,这是江户时代日本国学复兴的现实动力。对此,学者冯天瑜有过如下表述:

> 江户时期,日本神道流派纷呈,受外来儒学及佛学影响甚深,在思想风骨上留下儒式、佛式解说印痕,为发扬纯真神道,重释古典,国学在此时期应运而生,其发展对日本近现代产生深远影响。契冲是古典研究之国学的先期代表在方法论上开启国学先河;国学衍化为学派,则自荷田春满始,荷田氏力求以"古人之心"解读古典。稍后于荷田氏的贺茂真渊阐发"日本精神"于古典文籍中,他宣称,自己从日本古典文化(尤其是和歌)中发现古人"直心";日本国学集大成者为本居宣长,他将日本国学发展成为涵摄日本所有古代学问的系统知识,充满大和民族的优越感,竭力排斥"唐心"(儒学),"佛心"(佛教),对外扩张、征服世界之梦想溢于言表。[11]

如上所述,本居宣长承接契冲、荷田春满、贺茂真渊等

---

10. 严绍璗. 日本中国学史稿[M]. 北京:学苑出版社,2009.
11. 冯天瑜. 日本江户时期的国学流派探究[J]. 中原工学院学报. 2017,28(5):1.

开创的国学思潮和方法，以文辞训诂和文献考证等为方法，从发现文学之"物哀"，进而寻找"大和魂"，成为日本江户时代国学的集大成者。

只是需要我们关注的是，后来的学者大多将其"物哀"的美学理论孤立地切割，作为一个单纯的美学思想接受下来，而忽略了一个事实——唯有将其"物哀"的美学，放在"国学——排除汉学——神道"这样整体的思想脉络和框架下才能真正完成。

换句话说，本居宣长"物哀"美学的建构，实际上是在一个更深刻的层面反映了中国文化的影响。综上所述，我们看到其"物哀"美学在建构的方法上有两大特点，即强调排除"汉意"，而主张"人情"。由此出发，我们也看到如下事实：

其一，"物哀"美学思潮发生的基础和催化剂是中国文学审美以及文论传统。如本书第一篇文章所述，"日本"及其相关的意识均是在异文化（中国文化）的视角下诞生，同样，日本文学审美的自觉，无疑也是在受到中国古代文学文化的刺激和影响下生成的，日本"物哀"美学审美意识及理论的形成也不例外，尤其在其萌芽阶段，多是中国古代"物感说"的变异。

此外，就美的本质而言，亦如本文的第一部分所言，审美活动是人借助于人化对象（由物感发，并将感发之后的主观情思投射到外物）而与别人交流情感的活动，它在其现实性上就是美感，而对象化了的情感就是美。因此，无论中国的"物感说"还是日本的"物哀"说，都是人类基于普遍的人性对自我生存境遇进行审美观照的过程,在本质上并无差别。

其二,在发生学立场下,观察物哀之形成过程,排除"汉意"恰恰意味着处处以"汉意"为参照。

本居宣长认为物语文学之特色,一在假名标记方式,二在知物哀的主旨情趣。因此,他标记的"物哀"并非汉字,而是"もののあわれ",其意思相当于汉字标记的"啊哎哟"的拟声感叹词。这样的做法旨在寻找一个没有汉字所浸染的声音的世界。本居认为,在先民的世界只有"うた",没有"歌"("うた"是"歌"的训读假名),是日本人内心的声音,也就意味着尚未被汉字所代表的中国文化所"污染"的日本人的"内心"。本居宣长选择注解《万叶集》而非汉诗集《怀风藻》,讲解《古事记》而非汉字书写系统的《日本书纪》,也是出于对"汉字""汉意"的回避,以便寻找到纯净的日本人的"古心"。但就历史的事实而言,真正的日本人的"古心",真正的"大和魂",恰恰是对包括中国文化在内的外来文化的学习和接纳,并在此基础上创造出属于自己的文化。《万叶集》包括其所使用的假名标记方式本身,不正是中日文化对话、融合的结果吗?不正是多元文化内共生共存的标志吗?

此外,处处排除"汉意",否定"中国文化",反而证明了中国文化在《源氏物语》中处处存在,也反向证明了中国文化自身存在的合理性和价值。因为处处排除,就意味着处处以"中国文化"为参照。换句话说,就是日本"物哀"不同于文学中追求伦理和道德的美学,是肯定"人情"的美学,是情趣的审美。这样一来,看似"唯情唯美"的美学背后,反倒是存在一种意识形态的力量,推动其走向伦理学的建构,内含一种强烈的现实诉求和政治立场。与此相对,中国文学虽然有很多充满伦理诉求的作品,是一种文以载道的美学,但其道和伦理的出发点并非"存天理,灭人欲"。在宋明理学看来,"人欲"即是"天理",结合宋明俗文学的发达,比如诉诸人情的小说以及童心说等的流行事实,也足以说明一些问题。或者说,所谓真善美,内在必有一个相互调节的尺度,也存在着相互转化的可能。这一点,世界文学的范围内概莫能外。

其三,《源氏物语》写作的目的是让人"知物哀",这一点本居宣长解读无误,这也是创作者紫式部借小说中人物之口的表白。但"知物哀"的目的是什么,对这一问题的回答,本居宣长则是有意曲解了《源氏物语》的写作动机和目的。

本居宣长也认为《源氏物语》并非将淫乱之事当成好事,而是以"知物哀"为善;紫式部是为了强化"物哀"的效果所以才关注淫乱之事。那么,在这样的思路之上,我们可以推论紫式部写作的目的绝非为了"淫乱",也就是绝非为了"物哀"而"物哀",只是将"物哀"当作一个"方便",当作一个法门(手段),只是把"物哀"呈现出来,尽量展现人性和情感的底层,从而来讲述一个个人生的故事。因此,《源氏物语》的目的"知物哀"就存在三种可能性:

1. 以纵情、物哀来写人生的虚空。

2. 以纵情、物哀来写情感和肉欲带来的欢愉。

3. 以纵情、物哀来表现一个纵情物哀的世界。

其中，1和2属于写实主义传统，3属于艺术独立论，带有表现主义风格。就文学史的发展规律而言，反顾小说本身，自然尚未抵达文学艺术独立之阶段（如上所述，本居宣长以"物哀"和"人情"建构的并非一种纯粹的美学，认为本居宣长主张文学独立于政治道德之说的人，则是未能看到其内在的政治话语和道德建构），也颇具现代性色彩的表现主义。而我们只能认为第一种的目的更为合理一些。

根据佛教的世界观，爱是欲望的一种方式，是一种贪欲，深受佛教影响的紫式部创作《源氏物语》表现人情和爱恋，即是表现人的贪欲，贪欲而不得，故而悲伤。这也是"物哀"美学的心理学和宗教学基础，是紫式部所代表的平安贵族当时的世界观念。

综上，在中国文化影响的视域下，本居宣长所建构的"物哀"美学，乃是中国文化深刻影响日本文学文化的充分实证。从发生学上讲，"物哀"正是中国文化（佛教文化、儒学以及道教）所催生。而从内在结构上说，"物哀"美学，乃是中国美学的深层结构变异，体现为一种多元文化内共生的特质。

九、混沌

混沌（うどん）在日本是很大众化的面食。区别于中餐里使用的细面条，以面条粗壮、筋道并有弹性为特点。这种面条被传到中国后，按照发音的方式，我们称之为"乌冬面"。因为日本历史上小麦的种植并不普遍，所以面食文化大都是受外来的饮食文化影响，在日本，关于乌冬面的传来过程也有各种不同的说法。因为弘法大师空海的家乡香川县产的"讚岐饂飩"尤其有名，深受民众的喜爱，所以，传说之一是曾经去过唐朝的空海从唐朝带回这种面食使其传入四国地区，也有说是由遣唐使从中国带回来的一种叫作"混沌"的小麦粉制作的中间带馅儿的点心演化而来。虽未经考证，但是中国的面食文化对于日本饮食的影响必定是存在的。

由于是食物，所以在演化过程中偏旁部首发生变化，变成"馄饨"。后来因为人们意识到是要加热食用，所以又变成了"温饨"。最终在日本变成了今天的汉字表记"饂飩"。

"うどん"在华语圈被翻译成乌冬或者乌冬面，是按照日语的发音翻译过来的，并不是"うどん"这个词原本使用的汉字。"うどん"在日语中的当用汉字是"饂飩"。有些老字号的

店铺,现在还会用到这两个汉字。初次看到这两个字的中国人,甚至会误认为是中国的小吃"馄饨"。前文提到过关于乌冬面传入日本的过程,有一种说法是中国的叫"混沌"的由小麦粉制作的带馅儿的点心来到日本后,最终演变成了乌冬面。

那么,"混沌"是我们今天所说的"馄饨"吗?

"混沌"在现代汉语中主要指神话中宇宙形成之前模糊一团的状态。馄饨的由来在中国也有各种各样的说法,有说古代中国人认为这是一种密封的包子,没有七窍,所以称为"浑沌",后来才称为"馄饨"。也有说因为馄饨的形状像鸡蛋,与天地形成之初的混沌之相有相似之处,所以称之为"混沌"。有些地方还有冬至吃馄饨的习俗,有打破混沌之意。无论哪种说法,似乎告诉了我们今天的馄饨正是很久之前的"混沌"。"混沌"传到日本之后,最终变成了今天这种和"馄饨"完全没有关系的面食。

《庄子·应帝王》记载了一则关于"浑沌之死"的寓言:"南海之帝为儵,北海之帝为忽,中央之帝为浑沌。儵与忽时相与遇于浑沌之地,浑沌待之甚善。儵与忽谋报浑沌之德,曰:'人皆有七窍,以视、听、食、息,此独无有,尝试凿之。'日凿一窍,七日而浑沌死。"

这便是前些年赵本山在央视春晚上演忽悠剧作(也是我们日常所说的"忽悠")的原典,当然可以理解为庄子借用讲故事的方式讲授"无为"的道理,但在另外一个方向上,即在哲学意义上,指出了"文明"话语中潜在的危险。

十、樱花

提起樱花，都认为是日本的国花。每年到了春季，正逢日本的毕业季，初春时节同样是新生活开始的日子。这个时候，灿烂盛开的樱花让人觉得欣欣向荣，樱花树下赏花玩乐也成了日本人每年的例行活动。樱花做的点心、樱花色的淡粉装饰等带来的暖意，在冬去春来这个时节似乎是应景的。但时日不多，樱花迎来花期的结束，纷纷落下的樱花又让人十分感伤，似乎跟毕业季这个离别的季节有情绪上的契合。关于樱花及其象征意义的讨论，众说纷纭。日本人之所以喜欢樱花，似乎是因为樱花的特点和其民族精神有些共通之处。我们今天不讨论这个问题，想就着樱花之所以称为樱花的问题进行探讨。

被日本人称为"世界三大美女"（其中两位是杨贵妃和埃及艳后）之一的平安时代才女小野小町曾有诗句"花の色は うつりにけりな いたづらに わが身世にふる ながめせしまに"（忧思逢苦雨，人世叹徒然。春色无暇赏，奈何花已残。

刘德润译，出自《日语名诗100首》），其中的"花"（花）就指樱花，用樱花的花期短暂、转瞬即逝来寓意美女的韶华短暂，令人哀伤。

樱花，起源于中国。据日本权威著作《樱大鉴》记载，樱花原产于喜马拉雅山脉。被人工栽培后，这一物种逐步传入中国长江流域、中国西南地区以及台湾岛。秦汉时期，宫廷皇族就已种植樱花，距今已有2000多年的栽培历史。汉唐时期，樱花已普遍栽种在私家花园中，至盛唐时期，从宫苑廊庑到民舍田间，随处可见绚烂绽放的樱花，烘托出一个盛世华夏的伟岸身影。当时万国来朝，日本深慕中华文化之璀璨，樱花随着建筑、服饰等一并被日本朝拜者带回。

樱花在日语中的发音是"さくら"（sakura），关于这个词的语源有如下说法：一说是春天谷物之神（sa）降临到了人间的神座（kura），这种说法源自天孙来到地界后与木花咲椰姬的婚姻神话。一说是盛开（saku）这个词加上复数表达形式（ra），形成了樱花如今的发音（sakura）。还有一说是来自从富士山顶撒下花种、让鲜花盛开的木花开耶姬（konohanan osakuyabime）的名字中的sakuya这个发音，最终演变成sakura。

此外，另有一种传说，山神大山津见神有两个女儿，叫作木花知流比卖和木花之佐久夜比卖。这个"木花"就被认为是樱花。木花知流比卖被认为是飘落的樱花，而木花之佐久夜比卖则被认为是盛开的樱花。天孙降临人间后，向山神求婚。山神把两个女儿一起都送给了天孙。可是天孙却把长相丑陋的木花知流比卖送还给了山神。其实，美丽的木花之佐久夜比卖代表樱花的绽放，而丑陋的木花知流比卖代表的是长寿。

无论哪种说法，这个词最初都是泛指花。到平安时代，樱花作为春天的象征，被文人用于文学创作及各种艺术形式中，受到普遍的喜爱。

樱花的原产地虽然不在日本，在日本也没有被官方认定为国花。众所周知，日本皇室的家纹图案是菊花。而樱花自古以来受到人们的喜爱，在众多的文学作品中大放异彩。现在，樱花也是春天的象征。并且，日本拥有世界上先进的樱花栽培技术。无论在文学艺术领域还是日常生活中，樱花已经融入了日本的各个方面，成为日本民族性的象征。

不过，需要注意的是：

第一，在日本文学史上，以《古今和歌集》为界，之前的"花見"（hanami），即赏花，欣赏的是梅花。而在此之后，说起"花見"之花就是樱花了。《古今和歌集》里明确咏樱花的和歌有56首（一说61首），其中写樱花盛开的有20首，写樱花凋落的有32首，而关于梅花的诗为28首。

第二，樱花分为野生和人工栽培两大类，有上百个品种。目前在日本所见的樱花，也就是"樱前线"的樱花一般特指"染井吉野樱"——这是一种诞生于江户—明治时代的人工培育品种。这种品种改变了原有野生樱花的生长基因，会在同一天绽放，也会在同日凋零，因此具有了一种"民族集体话语"的审美，被日本民族主义话语所捕获。东京目前栽培的樱花的百分之九十左右都是这种樱花。

第三，樱花被纳入日本民族主义话语，除了上述植物学的基础之外，其审美表达也具有一定的历史性。也就是说，樱花成为日本民族和文化的象征与代表，是日本知识分子和精英阶层共同推动的结果，如《物哀》一文介绍的江户时代的国学家本居宣长就颇谙此道——以美改变人心。其著名的和歌有："敷島の大和心を人間はば　朝日に匂ふ山桜花。"（中文译文：欲问大和魂，朝阳底下看山樱）。在日本殖民扩张时期，日本中小学推荐歌曲多有赞美樱花精神的歌曲，另有神风"特工队之歌"，如《同期之樱》等。日本侵略中国东北的"关东军之歌"，也有以樱花为歌咏对象的曲目。

第四，樱花取代梅花成为日本上层乃至后来平民所爱的花卉，固然有贵族阶层欲摆脱中国影响而树立民族自信的心理和动机，但其发生的机缘具有历史的偶然性与必然性的统一。在平安时代日本皇宫的紫宸殿前庭，有"左樱右橘"的说法，即左边种植的是樱花，而右侧种植的是橘。但在此之前，左边种植的是梅花。据说是因为发生了一次火灾，于是就改梅花为樱花。以此为契机，日本的王公贵族也开始欣赏樱花而非梅花了。需要注意的是，这次火灾并非一个特殊的偶然事件，而是包含了历史的必然性在内。我们知道，梅花在唐代的长安也是非常受重视的，《全唐诗》中关于"梅"的诗词,多达948首。但是,到了宋代,王安石和沈括却奇怪为什么北方没有梅花了。因为,梅花这种相较于樱花而言更需要湿润气候条件的植物丧失了原来生存的气候环境了。根据竺可桢《中国近五千年气候变迁的初步研究》这篇著名的文章,我们了解到,在大约公元9世纪初,东亚气候发生显著的突变,如唐元和年间(公元806年—820年),被贬永州的柳宗元,发现当地经常性地发生火灾,这就是典型的冷相气候带来的危害。因此,我们可以说,梅花被原生于喜马拉雅地区的耐寒的樱花取代,也有着显著的气候成因,这也是历史生成有机的一部分。

十一、传统节日的演变

在日本的传统节日中,现在还有"五節句"(ごせっく)这样的说法。"節句"(せっく)源自在每年举行固定年中活动的季节的"節日"(せつじつ)",后来读作"節供"(せっく),最终演变成今天"節句"(せっく)这样的称呼。

这5个节日分别是人日(1月7日)、上巳(3月3日)、端午(5月5日)、七夕(7月7日)、重阳(9月9日)。5个节日由中国传入日本,但在中国没有将5个节日捆绑在一块儿的叫法。在日本文化中,似乎源于对奇数的喜爱,将5个节日并称为"五節句"。那么让我们看看这5个节日在中国是怎么来的,并且在日本是如何演变的。

人日,传说女娲初创世,在造出了鸡狗猪羊牛马等动物后,于第7天造出了人,所以这一天是人类的生日。汉朝开始有人日节俗,魏晋后开始得到重视。在中国,这一天的纪念活动由于地域的不同而有所差异。现在,有些地方还保留正月初七吃面的习俗,寓意用长长的面将长假中放飞的心拉回来，好准备之后的生产生活。

上巳，是指上巳节，俗称"三月三"，汉民族传统节日，该节日在汉代以前定在三月上旬的巳日，后来固定在夏历三月初三。传统的上巳节在农历三月的第一个巳日，也是祓禊的日子，即春浴日。同时上巳节又称"女儿节"。在民间还有西王母生日的说法。但是在现代，除了少数地方还保留该习俗外，大部分地方在这个日子已经没有特殊的庆祝活动。

端午，是中国四大传统节日（其余为春节、清明、中秋）之一。端午节，又称端阳节、龙舟节、重午节、龙节、正阳节、天中节等，源自天象崇拜，由上古时代祭龙演变而来。仲夏端午，苍龙七宿飞升至正南中天，是龙飞天的吉日，即如《易经·乾卦》第五爻的爻辞曰"飞龙在天"。其起源涵盖了古老星象文化等方面内容，蕴含着深邃丰厚的文化内涵；在传承发展中杂糅了多种民俗为一体，节俗内容丰富。赛龙舟与食粽是端午节的两大礼俗，这两大礼俗在中国自古传承，至今不辍。自2008年起，端午节在中国被列为法定节假日。

七夕，七夕节，又称七巧节、七姐节、女儿节、乞巧节、七娘会、七夕祭、牛公牛婆日、巧夕等，是中国民间的传统节日。七夕节由星宿崇拜衍化而来，为传统意义上的七姐诞，因拜祭"七姐"活动在七月七晚上举行，故名"七夕"。拜七姐、祈福许愿、乞求巧艺、坐看牵牛织女星、祈祷姻缘、储七夕水等，是七夕的传统习俗。经历史发展，七夕被赋予了"牛郎织女"的美丽爱情传说,使其成了象征爱情的节日,从而被认为是中国最具浪漫色彩的传统节日。效仿西方的情人节,在今天,七夕被认为是中国的情人节。每年到这个时候,会有商家以此为卖点进行销售宣传。

重阳,是中国传统节日,为每年农历九月初九。"九"数在《易经》中为阳数,因日与月皆逢九,"九九"两阳数相重,所以称为"重阳",又称为"重九"。古人认为九九重阳是吉祥的日子。古时民间在重阳节有登高祈福、秋游赏菊、佩插茱萸、拜神祭祖及饮宴祈寿等习俗。传承至今,又添加了敬老等内涵。登高赏秋与感恩敬老是当今重阳节日活动的两大重要主题。

在日本,这5个节日又是如何演变的呢?"人日"作为5个节日的第1个,在日本不算法定假日,现在的习俗主要是在这天吃七草粥——即用七种蔬菜做的粥。七种蔬菜的内容根据地方会有所不同。以关东为例,主要使用如下蔬菜:芹菜、荠菜、母子草、越年草、田平子、芜菁、萝卜。寓意去除一年的灾祸。吃七草粥的习俗可以追溯到平安时代,七草的内容随着时代的演变和地域不同会有变化,但是其寓意一直是健康长寿。

"上巳节"也称为"女儿节"。由于农历三月正是桃花盛开的时节,这一天也称为"桃花节"。在这一天,有女儿的人家会举行庆祝活动,会为女儿准备女儿节的人偶,为女孩子的健康成长祈福。

5月5日的端午节，在今天的日本又称为"儿童节"。但是由于3月3日是女儿节，所以这一天主要是为男孩子庆祝，也可以称之为"男孩节"。一般有男孩子的家庭会挂出鲤鱼旗，家里有几个男孩子，鲤鱼旗上面就装饰几条鲤鱼，以祈祷男孩子健康成长。至于为什么端午节会演变成男孩节，有如下的说法——在日本，端午节的时候有装饰菖蒲的习惯，日语中菖蒲的发音和"尚武"相同，久而久之就变成了男孩儿节。

七夕在中国由于有牛郎织女银河相会的传说在前，所以，在年轻人心中，这个日子似乎成了中国的情人节。在日本，这个日子在古代有祭神的各种活动，现在逐渐减少，只有少数地方还保留着七夕节的活动，比如仙台的"七夕祭"，在日本十分有名，每年到这个时候都会迎来来自日本各地的游客。民众在树上挂上写着心愿的纸条，以期待自己的心愿能够实现。

至于重阳节，在今天的日本已经没有特殊的纪念活动。因为在日本，9月的第3个星期一被定为"敬老日"，所以重阳节的敬老习俗在日本便逐渐淡化了。

由于文化信仰不同，虽然在日本积极吸收中国文化的同时，很多民间习惯随之而来，但是在长期的历史进化中，这些习惯也随之逐渐本土化，被加以改变和融合。另外，由于日本近代以后使用公历纪年，所以，基于农历的纪念活动很多也没办法实施。比如，上巳桃花节，本应该是桃花盛开的季节，但是公历的3月初桃花没有开，所以，在日本用人偶、桃花点心等代替纪念物。而到了重阳节，本应象征秋季的菊花登场，但是，公历的9月初，对于菊花盛开来说，还为时尚早。不过，近些年来，由于菊花栽培技术的进步，一年四季都可以看到，因而就弱化了菊花和这个节日的对应性。

十二、佛前花

花，在佛门中，若献于佛、菩萨前，称为"献花"；将花散布则称为"散花"。花的供养为佛门仪式之一。供花是将鲜花用器皿供养于佛前。关于佛前花的来历在《过去现在因果经》中有如下记载：

善慧至前。见王家人。平治道路。香水洒地。列幢幡盖。种种庄严。即便问言。何因缘故。而作是事。王人答言。世有佛兴。名曰普光。今灯照王。请来入城。所以匆匆庄严道路。善慧即复问彼路人。汝知何处有诸名花。答言道士。灯照大王。击鼓唱令国内。名花皆不得卖。悉以输王。善慧闻已。心大懊恼。意犹不息。苦访花所。俄尔即遇王家青衣。密持七茎青莲花过。畏王制令。藏著瓶中。善慧至诚。感其莲花踊出瓶外。善慧遥见。即追呼曰。大姊且止。此花卖不。青衣闻已。心大惊愕。而自念言。藏花甚密。此何男子。乃见我花。

求索买耶。顾看其瓶。果见花出。生奇特想。答言。男子。此青莲花当送宫内。欲以上佛。不可得也。善慧又言。请以五百银钱。雇五茎耳。青衣意疑。复自念言。此花所直不过数钱。而今男子。乃以银钱五百。求买五茎。即问之言。欲持此花用作何等。善慧答言。今有如来。出兴于世。灯照大王。请来入城。故须此花。欲以供养。大姊当知。诸佛如来。难可值遇。如优昙钵花时乃一现。青衣又问。供养如来。为求何等。善慧答曰。为欲成就一切种智。度脱无量苦众生故。尔时青衣。得闻此语。心自念言。今此男子。颜容端正。披鹿皮衣。才蔽形体。乃尔至诚。不惜钱宝。即语之曰。我今当以此花相与。愿我生生。常为君妻。善慧答言。我修梵行。求无为道。不得相许生死之缘。青衣即言。若当不从我此愿者。花不可得。善慧又曰。汝若决定不与我花。当从汝愿。我好布施。不逆人意。若使有来从我乞求头目髓脑。及与妻子。汝莫生阂坏吾施心。青衣答言。善哉善哉。敬从来命。今我女弱不能得前。请寄二花以献于佛。使我生生不失此愿。好丑不离。必置心中。令佛知之。

上面记载的内容主要是说，释迦牟尼佛在修行一大阿僧祇劫后（想成佛要修三大阿僧祇劫），遇到燃灯佛（即定光佛）出世成佛说法度众。有一天，燃灯佛要入莲花城，该城国王非常高兴,下令城内所有花店的莲花只能卖给国王,不得卖给其他任何人。释迦牟尼佛的前身那时因地修行,听说定光佛要进城,就想去买莲花供养佛,因国王已经下令,没人敢卖,所以找来找去都买不到。怎么办呢?走着走着,看到一位少女手拿7朵莲花,就问她:"我想买莲花都没人敢卖,你怎么有这7朵莲花?"少女答说:"这些莲花是要送到宫内供佛的,不能给人。"释迦牟尼佛的前身就说:"我给你500银钱,请卖我5朵吧!"少女不答应,释迦牟尼佛再三恳求,最后少女提出一个条件:"花卖你可以,但你生生世世都要和我结为夫妻,答应了就卖你,否则不卖。"释迦牟尼佛为了供养佛,只好答应她说:"你有条件,我也有条件,我生生世世与你为夫妻不要紧,但是我要向人布施自己身体甚至妻儿时你不可阻止,坏了我的布施之心。"少女也答应了。就这样两人捧着莲花,等定光佛远远走来,就五体投地顶礼而拜。当定光佛走近时,他们把莲花往空中抛上去(散花)。佛行走时,很多人跟在四周一直散花,佛有无量无边的威神之力,所散的花在佛的上面形成一个花盖。佛走到哪里,花盖就跟到哪里。两人把莲花抛上去,7朵花就固定成伞盖的一部分。将花供佛之后,他们也跟着佛走。后来定光佛对大众说法,大众对供花行为感到奇怪,佛就说:"不要小看这个人,他再过很久一段时间,就会在婆婆世界成佛。"定光佛当场在大众面前为他授记,当来成佛,佛号为释迦牟尼佛。

　　日本花道,就是由佛教传入日本之后受到佛前花的影响而形成的。在清少纳言的《枕草子》中有如下的记述:"把开得很好的樱花,长长地折下一枝来,插在大花瓶里,那是很有意思的……坐在花瓶近旁,说着话,实在是有兴趣的事。在那周围,有什么小鸟和蝴蝶之类,样子很好看地在那里飞翔,也很有意思。"[1]

在佛经中,最初是以莲花来献佛,但是今日我们看到大部分的佛前花是用菊花。这个习惯是什么时候开始的呢?在中国,菊花是花中四君子之一。陶渊明"采菊东篱下,悠然见南山"的名句得以传世,体现出了菊花清寒傲雪的品格深入人心。据传菊是奈良时代传入到日本,但是具体怎么传到日本,说法并不统一。菊花除了象征品行高洁之外,在中国还被认为是长寿灵药。菊花在日本也受到欢迎。平安时代就有各种以菊为主题的行乐活动,到了江户时代还发展出了"菊人形"的工艺品。甚至日本的皇室纹章也是菊花图案。现今,日本人的护照上亦是菊花图案。说菊花是日本的象征亦不为过。

菊花成为佛前花以及祭奠先祖时使用之花的由来,虽然没有十分明确的说法,但显然与其花期长,并且经过种植改良后,原本是秋天盛开变成一年中都可以盛开有关。

另外,在这里,我还想提到日本传统信仰中跟植物有关的"依り代"(依附在植物上的神灵)。日本古神道中认为万

---

[1]. 清少纳言. 枕草子[M]. 周作人,译. 上海:上海人民出版社,2015:8.

事万物皆有灵，任何事物都有神、精灵、魂魄等寄宿其中。依此推断神灵的宿主包罗万象。一般认为从太阳、山河、森林、海洋等由来的"灵"比较容易寄宿在石头或者木材上。现在神社中的注连绳即起源于此，象征神界和人界的区分。此种行为有人认为是花道的起源缘由，即用花招神的意思。一般认为，日本的花道起源于佛前花，即随着佛教的传入，在佛前供花的行为最终发展成了日本的花道。插花赏玩这种行为可以追溯到平安时代，在《枕草子》中亦有记载。花道在日本的发展，从横向角度可以说是受佛教传入的影响，但从纵向角度来看也受到本民族信仰传承的影响。

十三、筷子

筷子在东亚是被普遍使用的餐饮工具。两个小棍儿支撑起一顿饭，对于惯于使用筷子的我们来说，习以为常。但是没有使用过筷子的人，第一次使用总是有一言难尽的艰辛。虽然大家都是用筷子，但是筷子的材质和形状等物理特质却不尽相同。例如韩国使用金属制的筷子，日本使用的筷子前面的部分较细，中国用的筷子则两头粗细均匀。那么筷子最早是以什么形式登上餐桌的呢？

中国很早就已经使用餐具，用筷子的时间上限还不确定，但至少已有3000年历史。筷子使用木或竹为主要原料，不耐保存，迄今发现的最古老的筷子是殷墟中出土的青铜筷。《韩非子·喻老》记载："昔者纣为象箸而箕子怖。"司马迁在《史记·宋微子世家》中也有类似记载，如："纣为象箸，箕子叹曰：彼为象箸，必为玉杯；为玉杯，则必思远方珍怪之物而御之。舆马宫室之渐自此始，不可振也。"都是说殷纣王使用象牙筷的事。其文章的寓意是说，纣王奢侈从而引起朝政的不稳。我们可以从中看出，纣王的时代，筷子作为餐具已经登上了餐桌。据古籍记载筷子在先秦时代称为"梜"，汉代时已称"箸"，明代开始称"筷"。《礼记·曲礼上》提及"羹之有菜者用梜"，《急就篇》说："箸，一名梜，所以夹食也"，《礼记》郑玄注"梜，犹箸也"。《云仙杂记》载："向范待客，有漆花盘，科斗箸，鱼尾匙。"

日本又是从什么时候开始使用筷子的呢？据《魏志·倭人传》记载："食饮用笾豆，手食。"即倭人用手吃东西。所以可以看出邪马台国的卑弥呼女王时代还没有使用筷子。日本使用筷子大约始于7世纪初，圣德太子的时代。可以肯定的是筷子是随佛教传入日本，但是从中国直接传入还是经由朝鲜半岛传入，现在说法不明。筷子的使用和中国文化息息相关是不可否认的事实。据考古发现，日本出土的筷子，最早可追溯到7世纪后半期，在此之前没有发现筷子方面的记录。

在平安时代的宫廷生活中，作为餐具，会同时放置银筷和柳筷，每种筷子都会配以匙。吃饭的时候用柳筷和匙，其他则用银筷和匙加以区分使用。在《枕草子》中曾有记载："箸、匙などとりまぜて鳴りたる、をかし"，大意是说，吃饭的时候，勺子和筷子碰撞在一块发出的声音很有情趣，从而可以看出在平安时代用的是金属制成的筷子和匙。室町时代（公元1336年—公元1573年）逐渐将吃鱼的筷子和吃菜的筷子区分开来，当有客人来的时候，个人使用和布菜用的筷子也登上桌面，筷子的使用更加细分化。饮食习惯中众多的生食食材，和日本人对礼仪的重视，也为筷子多样性的发展带来了契机。

今天我们虽然都用筷子作为主要的餐食工具，但是在筷子的形状和用餐礼仪上还是有所不同的。中国的餐筷偏长并且前端和尾部粗细较均匀。日本的筷子则头部较细，且长度较短。对于长短的差别，有说是由于日本的分餐制和中国的桌餐文化导致的。而关于粗细，有说日本料理中鱼类较多，前端细的筷子更有利于剔除鱼刺。在中国一般习惯于将筷子竖摆在面前，而日本则把筷子横置于用餐者面前。在中国筷子的量词单位是"双"或者"副"，在日语中则是"膳"。筷子这种极具东方特色的饮食工具已经逐渐融入东亚各国的饮食文化中了。

十四、十二单

在2019年德仁天皇的即位大典上，新任天皇和皇后穿着传统服饰出现在公众面前，整个仪式充满了传统的庄严感。在我们的记忆中，日本的传统服装称为和服，特别是女性穿的和服，在宽宽的腰带和腰后面有小包袱作装饰。在天皇的即位大典上，德仁天皇身穿传统装束"黄栌染御袍"，登上宝座"高御座"；雅子皇后身穿传统服饰"十二单"登上一旁的"御帐台"。皇后穿的传统服饰跟我们通常了解的和服完全不一样。这种装束是在日本平安中期形成的，深受唐朝着装影响的十二单，也称为五衣、唐衣等，是平安时代贵族女性的着装。现在只有在皇室有重大仪式的时候，皇族女性才会穿着。

在奈良时代后期初具原型、平安中期形成的我们今天看到的十二单，是当时贵族女性的礼服，只在正式场合穿着。到了现代，逐渐演变成日本皇室女性在神道祭礼、婚礼、即位式等庆典的正式礼服。所以，普通民众不会穿着这样的礼服，只在一些体验平安时代穿着的活动时才会上身。十二单这种说法首见于《源平盛衰记》，其中描写源平争霸中平氏战败后，平德子身着十二单投水的场面。虽然在其他文献中关于平德子投水的衣着描述有所不同，但是十二单这个说法却是首见于此。

十二单虽然冠以数字十二，但也并不一定是穿着十二层。平安时代曾有过穿着二十层，连走路都困难的记录。所以，"十二"这个数字在这里只是意味着很多的意思。十二单从内到外穿着顺序是单衣、长袴、袿、打衣、表衣、裳、唐衣。最后一层"唐衣"穿上后，礼服在后身形成拖摆，虽然烦琐，却给人稳重的感觉，富有层次感。

十二单除了穿着复杂烦琐外，在颜色搭配上也是十分讲究。要根据季节、人物特点进行不同的搭配。服饰的搭配，在当时也是贵族女子教养的一部分。在《源氏物语》中有一段对女性着装的描述，可以让我们一窥平安贵族女性在重大节日时的着装习惯。文中描写了临近岁暮，源氏为众多女眷准备装束的场面，从颜色到搭配都极尽考虑着装人的性格特点。紫姬是源氏的正妻，负责为各院女眷送去新年的礼服。虽然紫姬深谙在六条院住着众多源氏相好的女子，但也没有擅自决定给每个人送礼服的款式，而是征求了源氏意见，通过他对礼服的选择，心里默默对各位女性的特点进行了盘点：

到了岁暮，源氏命令为玉鬘居室准备新年装饰，为众仆从添制新年服装，与其他诸高贵夫人一例同等。玉鬘容貌虽然美丽，但源氏推量她总还有些乡村风习，所以也送她些乡村式衣服。织工们竭尽技能，织成种种绫罗。源氏看到这些绫罗所制成的各种女衫、礼服，琳琅满目，对紫姬说道："花样多得很呢！分配给各人时，要使大家不相妒羡才好。"紫姬便将裁缝所制作的和自己家里制作的全部取出来。紫姬十分擅长此道，故色彩配合甚美，染色亦极精良。源氏对她十分赞佩。他看了各处捣场送来的有光泽的衣服，便选出深紫色的和大红色的，教人装在衣柜及衣箱中，吩咐在旁伺候的几个年长的上等侍女，令她们分别送与各人。紫姬看见了，说道："分配得固然很平均，没有优劣之差了。然而送人衣服，要顾到衣服的色彩与穿的人的容貌相调和。如果色彩与穿的人的模样不相称，就很难看。"源氏笑道："你一声不响地看我选，却在心中推量人的容貌。那么你宜乎穿什么颜色的衣服呢？"紫姬答道："叫我自己对镜子看，怎么看得出呢？"意思是要源氏看，说过之后觉得很难为情。结果如此分配：送紫姬的是红梅色浮织纹样上衣和淡紫色礼服，以及最优美的流行色彩的衬袍；送明石小女公子的是白面红里的常礼服，再添一件表里皆鲜红色的衫子；送花散里的是海景纹样的淡宝蓝外衣——织工极好，但不甚惹目——和表里皆深红色的女衫；送玉鬘的是鲜红色外衣和棣棠色常礼服。紫姬装作不见，但在心里想象玉鬘的容貌。她似乎在推量："内大臣相貌艳丽而清秀，但缺乏优雅之趣。玉鬘大概与他相像。"虽然不动声色，但因源氏心虚，似觉她的脸色有异，他说道："我看，按照容貌分配，恐怕她们会生气呢。色彩无论何等美好，终有限度；人的容貌即使不美，也许其人另有好处。"说过之后，便选择送末摘花的衣服：白面绿里的外衣，上面织着散乱而雅致的藤蔓花纹，非常优美。源氏觉得这衣服与这人很不相称，在心中微笑。送明石姬的是有梅花折枝及飞舞鸟蝶纹样的白色中国式礼服，和鲜艳的浓紫色衬袍。紫姬由此推想明石姬气度高傲，脸上显出不快之色。送尼姑空蝉的是青灰色外衣，非常优雅，再从源氏自己的衣服中选出一件栀子花色衫子，又加一件淡红色女衫。每人的衣服内附一信，叫她们大家在元旦穿。他想在那天看看，色彩是否适合各人的容貌。

诸人收到衣服后的回信，都有特色。犒赏使者的东西也各出心裁……[1]

十二单是如何受到中国服饰的影响演变成日本独具特色的贵族女性礼服，这点现在已经不得而知。但是从最外一层的罩衫被称之为"唐衣"这一点可以看出，这种装束的形成是受到了唐朝礼服的影响的。

---

1. 紫式部. 源氏物语[M]. 丰子恺，译. 北京：人民文学出版社，2015：406.

十五、鉴真和砂糖

在日语中,有好多词的当用汉字前面有一个"唐"字,比如唐辛子、唐黍、唐笠、唐土等,这些词所指事物大多是从唐朝传来。另外,还有个词叫"唐黑"(touguro),从字面来看很难猜出其所指的事物。其实,这个词就是砂糖最初传来日本时的称呼。因糖的颜色黑称之为"黑砂糖",又因为是唐朝传过来,所以简称为"唐黑"。提到砂糖,还不得不说到一个在日本家喻户晓的人物——从唐朝来日本宣传佛法的鉴真和尚。

在中日文化交流史上,鉴真是最不可被忽视的人物之一。以鉴真为代表东渡的中国僧侣先后赴日交流这一行为不仅改变了东亚佛教史的风貌,而且加快了日本文化整体的进程,对于日本文化而言,是厥功至伟的存在。

鉴真东渡日本之前,是江南一带的名僧。而名僧在当时必须是一个多面手。鉴真不仅潜心钻研经典,成为佛教律学造诣极高的大师,他还对艺术、建筑、雕塑、绘画、医学、药物、印刷术、书法等十分精通。他既是南山宗的嫡传，又是律宗三派的集大成者。可以说，鉴真在当时的江南一带，就是文化名流中的一位代表，地位甚殊。因此，他在东渡日本之后，除了对日本的佛教做出突出贡献之外，还和弟子们为日本带来了建筑、美术、工艺、书法、医学等众多领域的最新技术。甚至豆腐、砂糖等食物在日本出现，也被归到鉴真身上。比如，鉴真曾治好了天皇和皇太后的疾病，直到江户时代，日本医药界还尊奉鉴真为祖师爷，中草药的药袋上印有鉴真像。所以，直到现在，有良知的日本人还会记得这样一个事实——鉴真是日本文化的恩人。

历经五次失败、多重磨难而双目失明的鉴真，在他66岁那年，终于抵达日本鹿儿岛，这据他发愿东渡之日，已有12个年头了。754年二月，鉴真一行来到奈良都城，受到皇族、权贵和僧侣拜见，随后被天皇授予"传灯大师"，委托他在东大寺中设立戒坛，为圣武天皇、光明皇太后以及皇族和僧侣400多人授戒。756年，鉴真被封为"大僧都"，统领日本所有僧尼。759年，在鉴真的主持下修建了唐招提寺（被指定为日本国宝），成为日本律宗始祖，帮助日本创建了正规的戒律制度。这也是鉴真东渡对于日本最为直接的影响和意义，这一意义的达成无疑契合了日本统治阶层的需求——佛教被纳入维持政治统治的一个重要环节，促使佛教成为日本的国家宗教。

不过，需要说明的是，鉴真东渡本身并非一个政治事件,而是一次伟大的文化之旅,源自鉴真对佛教的理解与信仰。目前中日学术界对于鉴真誓死东渡的动机有不同的观点。有的学者主张唐代中期道佛相争刺激了鉴真;有的说鉴真预言了13年之后的"安史之乱"而携带王羲之真迹叛逃祖国;有的说鉴真在国内毫无名气,为了求得国师的位置而东渡日本;有的说鉴真乃是唐朝的间谍;有的说这是日本的阴谋诡计……后世的某些学者以狭隘的民族和政治利害观念去揣测古人——特别是鉴真这样心怀舍己度人佛法理想的高僧,实属可笑。这也反映了我们当下作为人的内在精神的枯萎。套用太宰治的名言:"或许当下的我们大多丧失了作为人的资格吧。"我们还得从佛教自身出发,从历史出发,才能真正理解鉴真及其东渡的意义。

至少给我们的一点启示是,鉴真发愿赴日,不惜历经磨难,九死一生,践行他的诺言。这在佛法普世的立场上,无现在的中日之别,山川异域,而风月同天也。有人站在佛教的立场上,解释说所谓山川异域,是指修行者有不同的根基,修行的方式各有各的差异,是为"异域";"同天"是最终都要通往"不二法门",即为"风月同天"。从知识论的角度讲,这自然很有道理,恐怕里面更多的是一种在佛法信仰之上所具有的普世情怀。

《唐大和上东征传》中所载荣睿与鉴真的对话如下:

> 荣睿、普照至大明寺,顶礼大和上足下,具述本意

曰:"佛法东流至日本国,虽有其法,而无传法人。本国昔有圣德太子曰:'二百年后,圣教兴于日本。'今钟此运,愿和上东游兴化。"大和上答曰:"昔闻南岳思禅师迁化之后,托生倭国王子,兴隆佛法,济度众生。又闻,日本国长屋王崇敬佛法,造千袈裟,来施此国大德、众僧;其袈裟缘上绣着四句曰:'山川异域,风月同天,寄诸佛子,共结来缘。'以此思量,诚是佛法兴隆有缘之国也。"

如今关于鉴真东渡的资料主要保留在日本人真人元开(淡海三船)所著《唐大和上东征传》(上,即"尚")。公元1298年,基于《唐大和上东征传》创作的《东征传绘卷》问世,这本绘卷描绘了鉴真从出家到东渡日本、建立唐招提寺的辉煌一生。可惜的是,跟随鉴真东渡日本的弟子思托所著《大唐传戒师僧名记大和上鉴真传》现已散佚。

如上面所提到的那样,鉴真对日本文化的影响是深远而多方面的。在物质层面,作为生活中不可或缺的"糖",据传就是鉴真带到日本的。

其实,关于糖的历史,从世界范围来说是一个非常复杂的过程。人类制糖有着悠久的历史,史前时期人类就已知道从蜂蜜、鲜果,甚至植物中摄取甜味食物。后发展为从谷物中制取饴糖,继而发展为从甘蔗甜菜中制糖等。糖在古代有许多同义字或近义字,如:饧、饴等。在西方,糖的发展历史姑且不论,而在中国,最早记载甘蔗种植的是东周时代。公元前4世纪的战国时期已有对甘蔗初步加工的记载。屈原的《招魂》中有这样的诗句:"胹鳖炮羔,有柘浆些。"这里的"柘"即是蔗,"柘浆"是从甘蔗中取得的汁。说明战国时代,楚国已能对甘蔗进行原始加工。到公元647年唐太宗派人去印度学习熬糖法。《新唐书》中有这样的记载:"……贞观二十一年,始遣使自通天子,献波罗树,树类白杨。太宗遣使取熬糖法,即诏扬州上诸蔗,柞沈如其剂,色味愈西域远甚。"我们今天习以为常的调味料,在历史上经过了复杂的发展过程。中国也成为世界上较早掌握制糖技术的国家。

由于日本早期文献的缺失,关于制糖技术何时形成没有定论。但是在鉴真东渡时的随行物品单上有"石蜜、蔗糖、蜂蜜、甘蔗"的记录,所以认为鉴真是将砂糖传入日本的人。但也有说法认为是遣唐使第一次将砂糖带回日本的。

另外,关于砂糖的记录,在奈良正仓院的《种种药帐》(『種々薬帳』)的目录中也出现过。说明当时砂糖是作为药被使用的,至于如何使用,由于古籍的散佚,现在已经无法知道。但是在《种种药帐》后面附录的文章中,提到过对于痛苦的病人,砂糖能起到一定的作用,所以才被当作药来使用。不过,在相当长的一段时间内,砂糖只是作为贵族之间的赠答品存在,且十分贵重,一般庶民是很难入手的。而日本正式有甘蔗种植的记录,还要等到1610年之后,有人从中国带回甘蔗苗之后才开始的。

遣唐使的派遣是日本主动吸收中国文化的一个重大举措，这个举措最开始是以披着朝贡的外衣进行文化交流的方式来进行的。中国与日本一海之隔，在今天看来是一衣带水，无比相近的关系。但是在那个时代，从坐船出海到安全归来，无异于九死一生。首先，船只的安全状况远远不及今天，古人对于海路交通的驾驭也远不及今人。在各种资料记载中，都有提到海路往返的艰辛。但是却忽略了即使是顺利抵达中国，按照当时唐的都城在长安来算，使者想要顺利抵达长安还是需要些时日。从日本带着朝贡的物品，谨慎小心地在各种舟车劳顿中顺利抵达长安，这些所需要的财力、人力自不必说。所以，不是为了要迫切地吸收当时的先进文化，绝不会有这样大张旗鼓的行动。这也就是唐朝走向衰亡，日本本民族的文化兴起之时，结束遣唐使往来的部分原因。

向中国派遣遣唐使可以说是古代日本非常重大的政府组织的官方活动。从630年开始到894年遣唐使废止，264年间共组织了19次遣唐使团前往中国。遣唐使节团除了进行官方的礼物互赠外，使节团成员还在当时的国际大都会长安体验到了各种饮食文化，并将其带回到日本的宫廷中。所以，在那个时代也导致了日本贵族饮食文化和庶民饮食文化的分离。作为大量吸收唐朝饮食文化的象征，至今在正仓院中还保存着遣唐使当时从唐朝带回来的餐具等器皿。

日本在天武天皇时代颁布了"肉食禁止令"，从每年农历的五月三日开始到十月二十七日之间保护幼鱼、禁止食用

"五畜"(牛、马、狗、猴、鸡)之肉。在之后历代天皇也重复颁布"肉食禁止令"。这种状况到明治维新之后才有所改善。在中国,受佛教的杀生戒约束,僧侣虽然禁食肉食,但是并没有波及一般百姓。日本与之大不相同,从上到下全部禁食。所以,伴随着佛教的传入,日本的饮食生活受到了重大的影响。遣唐使在中国虽然有物品的交换和文化的交流,但是由于路途遥远很难把食品带回日本。同时大部分留学生和留学僧都在长安学习生活一两年便回到日本,能在中国滞留5年以上的人少之又少,所以,能将中国的饮食文化和烹饪方法、食材等带回日本的更是凤毛麟角。但是,遣唐使也好,留学生和留学僧也好,在当时的国际大都会长安都感受到了时尚的饮食氛围,他们将这种饮食习惯带回日本的宫廷,也为当时日本的贵族和庶民的饮食分化分离埋下了种子。

具体来说,由于当时日本施行"肉食禁食令",所以如何在饮食中摄入足够的蛋白质便成了问题。唐朝的饮食文化由于受到游牧民族的影响,奶制品的种类十分丰富。其中的"酥""酪""醍醐"等奶制品便被带回到日本。从未品尝过这类奶制品的日本宫廷贵族将其视为珍品,甚至代替了肉类逐渐成为饮食中的蛋白质来源。640年前后,从唐朝还传来了喝牛奶的习惯。依据8世纪初期编撰的《大宝律令》的记载,日本在宫中设置了奶牛院,专门饲养奶牛,并且制作称之为"酥"的食品,以作药用。可以看出对于当时缺少蛋白质摄入的日本人来说,奶制品似乎成为了补充体力的主要来源。

十六、紫阳花

唐代诗人白居易曾经写过一首七绝《紫阳花》:"何年植向仙坛上,早晚移栽到梵家。虽在人间人不识,与君名作紫阳花。"同时还有一段注,辞曰:"招贤寺有山花一树,无人知名,色紫气香,芳丽可爱,颇类仙物,因以紫阳花名之。"诗和注都说明了白居易觉得此花可爱,自己不知道叫什么名字,所以起了一个名字叫紫阳花。所以,千百年来,我们只知道诗人遇到了一种紫色的花,但到底是什么花,却不得而知。

但是日本人却将"紫阳花"三个字用到了另一种植物的身上,这种植物在日语中叫"アジサイ"(ajisai)。看到了花的样子,我们可以知道,其实这种花在中文中叫绣球花,也叫八仙花。这种花花形丰满、颜色多样、大而美丽,让人赏心悦目。

日语中的"アジサイ"语源并不清楚。但是很明显,紫阳花3个字是用日语训读的方式加给"アジサイ"这个日语

单词的。因为如果按照音读的方式，紫阳花3个字应该读作"シヨウカ"（shiyouka）。在《万叶集》中的"アジサイ"的汉字写法有"味狭藍""安治佐為"等，平安时代还有过写作"阿豆佐為"的例子。还有一说，由于此花蓝色居多，而讹化成"あづさい"（集真藍），至今未有定论。无论哪种说法，都可以看出这种花在日本很早就出现了，起码在汉字进入日本之前已经有了称呼。从而可以证明，日本原来就有"アジサイ"这种花，但是没有相应的汉字，所以白居易的汉诗进入日本后，由于日本人对白诗的喜爱，便将这3个汉字用作"アジサイ"的当用汉字。也有说法认为，因为平安时代的学者源顺的误用才导致这样的结果。白居易在诗词中已经提到过，紫阳花是自己为那种不知名的花临时起意起的名字。对于通读平安时代汉诗的当世学者来说，不会读不懂诗词中的意思。但或许是出于对诗人的喜爱，才将这几个字留在了"アジサイ"的身上。

十七、杨贵妃

在《源氏物语》中有这样一段描写，桐壶更衣死了，天皇整日茶饭不思，以泪洗面，夜深人静的时候，看到挂在墙上的《长恨歌》画卷中的杨贵妃，发出感慨——无论杨贵妃多么倾城倾国都没有桐壶更衣的风情。杨贵妃在中国的历史上被称为"四大美女"之一，众多的文学作品中都有所描绘提及。我们知道她是丰满型的美人，但到底有多美，长着什么样的眉眼，今天已经不得而知。在《源氏物语》中也并没有关于桐壶更衣外貌的具体描写，她到底有多美，读者也看不到，至少作为天皇的妃子不会很难看。两个美人在作品中就这样相遇。

"玄宗回马杨妃死，云雨难忘日月新。终是圣明天子事，景阳宫井又何人。"这是唐代诗人郑畋创作的一首七言绝句《马嵬坡》。此诗以"马嵬事变"作为背景，前两句写唐玄宗回马长安，杨贵妃却已死。尽管山河依旧，然而却难忘旧情。除此之外还有白居易的《长恨歌》，以长篇叙事诗的形式讲述了唐明皇和杨贵妃的爱情悲剧。特别是结尾的"在天愿作比翼鸟，在地愿为连理枝。天长地久有时尽，此恨绵绵无绝期"一句，将相爱不能相守的"长恨"淋漓尽致地体现出来，使其千古传诵。

杨贵妃在中国文化中是"四大美女"之一，丰满美人的代表，唐明皇的妃子，由于兵变被赐死于马嵬坡。以上是我们给杨贵妃的标签。有传说杨贵妃在马嵬坡并没有死，被人救出来后远渡东洋，在日本生活。而在日本也有关于杨贵妃的各种传说，此中真假我们姑且不论，那么杨贵妃在日本的文化中又是以什么形象存在呢，让人深思。

与中国的四大美女相应，日本也有"世界三大美女"的冠名，她们分别是杨贵妃、埃及艳后和日本平安时期的和歌作者小野小町。据说这份评价结果是明治中期时发出并流传的。这份评价似乎更偏向于历史上的知名女性，对历史有影响，并且公认为美女的人。埃及艳后自不必说，小野小町是平安时代具有代表性的女性和歌作者，是传说中的美人。日本自平安时代起国风文学开始形成并发展，因而将小野小町划为"世界三大美女"之一，也有宣扬国风文化的意思。但杨贵妃又是为什么呢？她的身前事纷繁复杂，在中国的评价褒贬不一。至于她是否能代表中国文化，显然是不能的。但既然日本人将其堂而皇之地放入了"世界三大美女"之列，可想而知杨贵妃的形象在日本深入人心。

在日本的山口县，至今还流传着杨贵妃在阿倍仲麻吕的帮助下，从安史之乱中逃脱，来到日本的故事。山口县长门市的二尊院中至今还留存着被称为"杨贵妃之墓"的五轮塔。

十八、六角堂

这部分说到的六角堂，相传由圣德太子主持建造，位于京都供奉如意轮观音像的佛教寺院。这座具有历史感的佛教圣地同时又是日本花道的发祥地。日本花道流派"池坊"的大本堂就在这里。这里也记述了日本的佛前花如何发展成花道流派的历史。

六角堂的正式名称是紫云山顶法寺，是天台宗系的独立寺院。由于房顶呈六角形，俗称六角堂。相传，圣德太子为了寻找建造四大天王寺的木材来到京都，在水中沐浴时将随身所带的如意观音像挂在树上，观音像没有丝毫摇动，圣德太子便建六角堂将观音安置于此，意为保护当地人民。

关于六角堂中的观音救世的逸话，平安时代的说话集《今昔物语集》有如下记载：一个在京城大户人家做杂役的年轻人，经常虔诚地上六角堂参拜。有一年除夕夜，在拜访熟人回家的途中碰到了"百鬼夜行"的例行活动。虽然侥幸逃脱，但却被鬼在身上吐了唾沫，成了隐形人。自己虽然能看到旁人，但是别人却看不到他也听不到他说话。男子伤心难过，来到六角堂，虔诚地向观音祈祷，最后在观音的指点下终于恢复身形。

除了以观音闻名之外，六角堂还是日本插花流派"池坊"的发源地。打开六角堂的主页，就会看到"插花发祥地"的字样。"池坊"是日本最古老的花道流派。多数花道流派的名称后面加一个"流"字，以表示自己是哪一流派。只有池坊花道，现在依然只用"池坊"二字，在后面从未加"流"字。关于池坊的由来，有两种说法：一种是奉圣德太子之命，日本遣隋使小野妹子皈依佛教驻六角堂成为高僧之后，小野供奉的佛前花成为花道的开端。而当时小野所驻的寺在池塘旁边，所以后人称之为"池坊"。另一种说法是，圣德太子曾经沐浴过的池塘在供奉佛前花的寺所旁边，所以，那座寺所被称为"池坊"，而寺庙的住持是池坊花道第一代宗师，那里自然成为日本花道的发源地。无论哪种说法，可以肯定的是六角堂作为日本最古老花道流派发源地的地位。直至今天，池坊花道的大本营依旧在六角堂，在六角堂边上有池坊花道博物馆等，每年在这里定期举办花道爱好者的集会，使花道在日本不断传承。

十九、枯山水庭院

位于日本京都的龙安寺,是由室町时代应仁之乱中的东军大将细川胜元于宝德二年(1450年)创建的禅宗古寺。龙安寺庭院是日本庭院抽象美的代表,是著名的枯山水庭院,1994年被联合国教科文组织指定为世界文化遗产。

枯山水庭院是源于日本本土的缩微式园林景观,多见于小巧、静谧、深邃的禅宗寺院。在其特有的环境气氛中,细细耙制的白砂石铺地、叠放有致的几尊石组,就能对人的心境产生神奇的力量。它同音乐、绘画、文学一样,可表达深沉的哲理,而其中的许多理念便来自禅宗道义,这也与中国文化的传入息息相关。

枯山水庭院这种样式的出现和日本对佛教的吸收息息相关。公元6世纪,日本开始接受佛教,并派一些学生和工匠到中国,学习艺术文化。从日本贵族文化达到鼎盛的平安时代开始,中国唐朝的水墨画开始传入日本。平安时代末期,世界第一部园林典籍《作庭记》中首次提到了"枯山水"。虽然与今天所指的枯山水庭院有所不同，却是日本文献上第一次出现这种说法。那时的"枯山水"主要指在以池水为中心建造的庭院中，在离开池水的地方以石头造型，从而形成枯山水的视觉效果。一般与"真山水"(池泉部分)同存于一个园林中，以真山水为主，枯山水为辅。镰仓时代（公元1185年—公元1333年）末期，与禅宗相应的以追求自然意义和佛教意义的写意园林发展固定为枯山水形式。在室町时代，枯山水的庭院造型得以发展，最终形成了今天的样式。龙安寺正是在室町时代枯山水庭院的鼎盛时期建造。在之后的时代，以茶道宗匠千利休所创立的草庵风茶室为代表的日式茶庭兴起。以小型枯山水为主，以枯山水、真山水和茶庭相融合的园林形式出现。

二十、老虎过河

在南宋周密所撰《癸辛杂识续集》中,有一则老虎过河的故事:

> 谚云:"虎生三子,必有一彪。"彪最犷恶,能食虎子也。予闻猎人云,凡虎将三子渡水,虑先往则子为彪所食,则必先负彪以往彼岸;既而挈一子次至,则复挈彪以还;还则又挈一子往焉。最后始挈彪以去。盖极意关防,惟恐食其子也。

故事的大概是说,有一只母虎有三只小老虎,其中一只个性凶猛,母虎想如果带另两只中的一只过河,剩下的那只必会被这只凶猛的吃掉,所以母虎先将凶猛的这只送到对岸,再过来带另两只中的一只,而带这只过去对岸时又把凶猛的那只给带回来,然后再带剩下的那只过去,最后再连同凶猛的这只一起渡河到对岸。

关于龙安寺枯山水中石头的配置，有说是基于老虎过河这个故事而来。也许从视觉上，地面的白砂石和庭院中的石头，能让人联想到母虎一遍一遍驮着小虎过河的场面。也许是石头的摆放方式达到了某种平衡，会给予人视觉上的舒适感，所以这种平衡也意外地和老虎过河的故事达到了某种契合，所以才有这么一说吧。

二十一、喫茶去

在日本东京上野公园内有一家和式饮茶店"喫茶去"（吃茶去）。店面不大，店内主要提供简单的日式茶点，让游人在这里休息片刻得到身心的放松。小店紧邻博物馆和动物园，店内布置别致，显得独具一格。其实，"喫茶去"，本是句禅语，来自中国的典故。

《赵州禅师语录》卷下中有："师问二新道：'上座曾到此间否？'云：'不曾到。'师云：'吃茶去！'又问那一人：'曾到此间否？'云：'曾到。'师云：'吃茶去！'院主问：'和尚，不曾到，教伊吃茶去，即且置；曾到，为什么教伊吃茶去？'师云：'院主。'院主应诺。师云：'吃茶去！'"

这则出自中国的典故，是有名的禅门公案。对于3种不同的境况，无论是来过还是没来过，或者提出质疑者，赵州禅师给出的回答都是"吃茶去"。千百年来，对这充满禅意的回答，仁者见仁智者见智，都给出了不同的理解。在日本，除了东京上野的那家茶店，各地还有很多以"喫茶去"

为名的茶饮店,似乎都在向游客传达着:不管路途多辛苦,请进来饮一杯茶,洗涤身心的疲惫,保持平和的心情,为未来的旅途积蓄力量。

二十二、芭蕉的俳句

日本俳句,作为世界上最短小的定型诗歌,由5-7-5的17音组成,传统的俳句包括了季语、顿字[1]和余韵3个要素。

我们现在所说的俳句这一名称,是在明治时代(公元1868年—公元1912年)正冈子规等人大力提倡下确定的一种独立的诗歌体裁。不过,从其发生的历史来看,15世纪就已出现俳句这样的创作方式,迄今已有近500年的历史了。很多学者认为,俳句及其代表的文化是日本最具特色的文化之一,而日本俳句史上最具名望的应该就是松尾芭蕉了。

松尾芭蕉,本名松尾藤七郎,1644年出生于今三重县上野市(江户时代的伊贺上野,此处还盛产伊贺流忍者,与松尾芭蕉研学的禅宗不同,忍者们主要研修佛教密宗)一个下级武士家庭。少年时曾为武士家中侍从,并学习俳句。1680年为避江

---

1. 顿字,日语为"切れ字",一般直译为"切字",此处为意译。"切字"常出现在句间,但也有出现在结尾的情况,其作用是情绪的停留和咏叹,也可理解为广义的"(停)顿"。

户俗气，隐居深川，研读汉诗，并将居所取名"芭蕉庵"。在芭蕉之前，日本俳句文坛也有很多人从事俳句的创作，就俳句的形式、内容和技巧进行探索，但整体而言，他们的俳句创作流于世俗诙谐和滑稽，并未真正将之艺术化。正是芭蕉通过自己丰富的艺术创作，使俳句得以真正进入艺术美的殿堂，从而振兴了日本诗坛，并开创了日本俳句史上的"黄金时代"，后世称之为"蕉风"，诗作主要收入《芭蕉七部集》等。他自己也被誉为"俳圣"，相当于我国文学史上杜甫的地位。

他甚至还和杜甫一样，住在茅草屋内，将其茅屋冠名为"泊船堂"，"泊船堂"即取自杜甫的诗句"窗含西岭千秋雪，门泊东吴万里船"。在他的俳句中，处处可见中国人和物的影子。如，由于连日阴雨，他的茅草屋整夜漏雨，于是，他想起杜甫，写了一首《茅舍有感》："风打芭蕉盆滴雨，茅草屋内夜漫漫。"（日文：芭蕉野分して盥に雨を聞夜哉。刘德润老师的译文是：风狂雨暴打芭蕉，木盆听雨秋夜遥）可以说，这不仅是从诗意上巧妙地借用和转化，更是对杜甫人格的追慕，并以此获得精神的慰藉。

1680年松尾芭蕉创作了一首被后人称誉为颇有闲寂风味的俳句："枯枝落寒鸦，孤影望秋暮。"（日文：枯枝に からすのとまりけり 秋の暮）

"枯木寒鸦"是中国诗画重要的题材之一，苏轼、黄庭坚等很多文人擅长此类创作。与此相近的马致远的名句"枯藤老树昏鸦"更是妇孺皆知。正冈子规认为，这首俳句应该也是从中国文学中的这一意象化用而来。

1686年,在芭蕉手中诞生了那首著名的俳句《古池》:

古池や 蛙飛びこむ 水の音

近代俳句之父正冈子规曾写《古池俳句辩》一文,详细论证了《古池》诞生的过程,并认为《古池》之所以名扬天下,并非因为它在美学层面的绝对价值,而更多地是缘于它在文学史上的位置。因为芭蕉通过这句俳句打破了当时俳句既定的诙谐风格,确立了独特的艺术理念,为死气沉沉的俳坛开创了一条新生之路。

《古池》俳句在我国流传甚广,迄今为止已有数十个译本问世,包括周作人在内的诸多名家都有各自的译作刊行。译本之不同,站在译者的角度,究其原因,除了语言修养和风格的差别,还与译者对俳句理解的个性化有关。换句话来说,译本的优劣与不同,很大程度上取决于译者解读的能力和理解的向度。基于这一点,我们大致可以将国内既有的《古池》汉语译本分为两种情况:

第一,强调呈现"静"与"动"的转化关系。

第二,侧重表达青蛙入水的声响及其带来的幽静和闲寂情趣。

就第一种情况而言,具有代表性的是陆坚先生的翻译:古池碧水深,青蛙"扑通"跃其身,突发一清音。

这个译本以汉语"5-7-5"调的形式对应俳句的"5-7-5"调,侧重"静""动"之间的转换和变化。译者认为,世界万物,有动有静,变化无穷。静的客体,有时会使人感受为动的;动的客体,有时会使人感受为静的。客体的动态,有时会使人产生静意;客体的静态,有时会使人产生动感。高明的作家,所表现出的对动与静的这种感受和体验,可以使作品妙趣横生,韵味不尽。[2]

在强调动与静之"变化"的视角下,还有以下中文译本:

1. 苍寂古潭边,不闻鸟雀喧,一蛙穿入水,划破静中天。
2. 寂静的古池,青蛙跳水,刹那的响声。
3. 幽幽古池畔,青蛙跳破镜中天,叮咚一声喧。
4. 悠然古池蛙跃入,弄出水声破静谧。

第二种情况的译本,举例如下:

1. 悠悠古池畔,寂寞蛙儿跳下岸,水声轻如幻。
2. 幽幽古池塘,青蛙入水扑通响,几丝波纹荡。
3. 古池幽且静,沉沉碧水深,青蛙忽跳入,激荡是清音。

---

[2]. 关森胜夫,陆坚. 日本俳句与中国诗歌:关于松尾芭蕉文学比较研究[M]. 杭州:杭州大学出版社,1996.

4. 古池幽静，跳进青蛙闻水声。

5. 古池塘，青蛙跳入水声响。

以上译本大多注意到了动静之间的转换，是依靠青蛙入水的声响完成的。水声打破静止的状态，成为由静而动的"通道"同时，随着水声的渐逝，又成为由动而静的"通道"，由静而喧，以动写幽，表达了一种闲寂和幽静的美学情趣。上述译本在合理想象的基础上，多以添加审美判断词汇（如幽、静、幻）的方式，尝试引导读者感受青蛙入水的声响带来的"寂"和"幽"。

有心的读者，想必已经发现，上述两种翻译策略和风格，又可统摄于禅宗美学的立场。无论是"动"与"静"的对立变化，还是两者之间的转化依存，都体现了禅宗对"绝对的同一性"的领悟。

在禅宗美学的立场下，就第一种情况的译文，即关注于动静的变化，我们尚可做进一步的解释：古池意味着静寂的悠长而古老的过去，青蛙跳入这一动作，则是现在短瞬的"此刻"，"此刻"跃入"过去"，空间激活了时间，时间流动起来，又在空间中渐次消隐，恢复了原有的寂静。跃入的"此刻"也融入了时间寂静的长河之中，有形、有限的事物融入了无形、无限的诗意，也即禅意的世界。

在禅宗美学的立场下，若我们更加赞同第二组的译文，即关注"动静变化的途径"——"水声"，那么，我们还可以沿着这一思路作更深的理解："水声"扮演了一个勾连动和

《古池》，松尾芭蕉画（图片来自吉田博画作）

静、过去和未来的角色，即"现在者"。"现在者"永远处在瞬间即逝的"现在"，但它却是动和静、过去和未来不可或缺的媒介，没有这个媒介就没有我们对于"动和静、过去和未来"——这个生生不息的世界的感受和理解。

而且，无论是上述哪种解读方向，都会带我们步入一个充满禅意的世界，一个闲寂风雅的审美世界。

据说，在芭蕉创作这句俳句前后，僧人佛顶来访。佛顶问："最近如何度日？"芭蕉答曰："雨过青苔湿。"佛顶又问："青苔未生之时佛法如何？"芭蕉答曰："青蛙跳入水里的声音。"由此可知，这句俳句通往的正是松尾芭蕉的禅思世界。或许，我们也可以从中确证如下的事实：芭蕉之所以被称为"俳圣"，几乎凭借一己之力将俳句从语言游戏之中升拔为一种独立的诗歌艺术，禅宗思想的引入无疑起到了关键作用。禅宗学者铃木大拙曾言："迄今为止，俳句是用日本人的心灵和语言所把握的最得心应手的诗歌形式，而禅在其发展的过程中，尽了自己卓越的天职。"

综上，到目前为止，国内对《古池》美学的讨论基本止步于禅宗美学的范围（日本学者在文学史的维度考察之外，美学的讨论多纳入日本独特审美的范畴，如"物哀""幽玄""闲寂"等。另有从道家思想解读的著述，但相对较少）。对此，我们自然不能否认上述解读的合理性和有效性，特别是上述美学层面的解读为我们点明了诗歌的哲学基础。然而，下面我们要做的，则是尝试从新的视角"抵达"《古池》生成的现场，即在生命美学的立场上完成一次精神的探险。

何谓生命美学？国内已有学者提出相关的概念，强调美学应摆脱对"本质"的渴求，而转向在"人与意义"的维度上的追问。如潘知常先生认为，在审美活动中，人与世界之间是一种意向关系，也就是意义关系，而不是实体的关系。我也非常赞同潘先生对生命美学的如下断言："借助于胡塞尔'回到事实本身'的说法，生命美学是从理论的'事实'回到了前理论的生命'事实'，是从生命经验出发对于美学的重构，也是在超越维度与终极关怀基础上对于美学的重构。因此，生命美学就是生命的自由表达，就是研究进入审美关系的人类生命活动的意义与价值之学、研究人类审美活动的意义与价值之学。"[3]

不过，限于文字，我们暂不作复杂的纯理性思辨，对生命美学进行概念的追溯和厘定。《金刚经》有云："佛说世界，即非世界，是名世界。"其意在说明：我们人类对世界和万物的命名即为概念，而概念的本质乃是一种理解世界万物的

---

3. 潘知常. 生命美学：从"本质"到"意义"——关于生命美学的思考[J]. 贵州大学学报，2015（1）：10-11.

手段，是追求真谛的路径，是手指明月的"手指"。即是说，概念既不是世界和万物本身，也不是真谛和明月本身，因此，我们也不必执着、纠缠于"生命美学"等这些概念或命名本身，我在此只是借助这一概念的认识论和方法论，让其作为一根拐杖探路，让其作为一种新的视角去重新解读《古池》的内在精神世界。但即便如此，我还是不得做如下提示："生命美学"的立场，必定要求我们侧重从生命的立场去追问、理解所谓"美"的发生之原因和现场，尝试从生命内在的律动和先验的规定性（带有本质论的意味，这与既有的生命美学有所差别）的角度去重新发现美的新维度和空间。

换句话说，面对这句俳句，若站在"生命美学"的角度，需要我们重新关注两个细节，而这两个细节又共同指向了俳句中唯一的、具有生命意识的主角，即蛙。

第一个细节，俳句中打破"古池"这一静止时空的是"水声"而非蛙声。

第二个细节，此处的"蛙"是暮春之青蛙，而非夏季的雨蛙、青蛙、树蛙以及秋季的秋蛙等。

第一个细节所包含的问题似乎不存在，因为前面提到的第二组译文恰是对"水声"的强调。不过，我们注意到，日本的俳句大多关注的是青蛙的鸣叫声，并多将青蛙的声音和燕子和蝴蝶等意象一样当作是春天的象征物。《古今和歌集》的假名序中，就有"花丛春莺，水中蛙声，闻听生息万物而歌咏"的句子。而《古池》中的"蛙"却是沉默无声的，其跃入水中的动作及其引发的"声响",却从另外一个方向指向了"生息万物"的活力本身,以隐藏的手法"迫使"我们去关注俳句中唯一具有生命主体意识的角色——那只沉默的青蛙(是否是青蛙还是其他此处暂不讨论)。

我们知道,青蛙经过漫长的冬眠,会在初春醒来,跃出地面,活跃在水岸间。它们会抓紧时间,完成求偶工作,并在水中交尾和产卵。而它们的鸣叫,且只有雄性青蛙才鸣叫,就是为了吸引异性,这是一种典型的求偶行为。被雄蛙美妙的声音所吸引的雌蛙则会跳跃向前,仔细观察这只青蛙长得是否帅气,是否满足它内心关于"青蛙王子"的想象。两者相对一望之际,或许未等"美丽的公主"弄清楚是何状况之时,雄蛙就已跃到它的背上,以"抱对"的方式跌入一池渐暖的春水中,并以体外受精的方式,完成一段重复(被基因序列等生命密码编排好了剧本的)千万年的古典"爱情"故事。

反观芭蕉《古池》这一俳句,担当主角的并非荷尔蒙分泌旺盛、被情欲支配的初春的青蛙,而是一只在暮春时节沉默不语的青蛙。生物学家告诉我们一个事实:时至暮春,青蛙们基本完成上帝交给的繁衍使命,它们也会进入到一个短暂的安静时期,日语中称这一现象为"休眠期"。在芭蕉的笔下,我们不知道这只青蛙的雌雄,也无法对如下问题给出确定的判别:它虽是雄性却没有了鸣叫的动力(已经完成了爱情的仪式还是未能找到爱情的对象而错过了时节)?还是因为先天性的缺陷(如没有鸣囊)导致它无法鸣叫而悲哀?它为何独自在池边静坐?为何又独自跃入暮春温暖而寂寞的水中？它是在回忆过去，还是在渴望未来？这一切我们都无从知道，但我们却可以从文字中获得联想（联想发生的一个认识论前提是，意识到青蛙也是具有生命意识的生命主体）。而且，我们知道它跃入水中是静默的，和古池融为一体，它跃入水中，惊起了时空中的瞬间的扰动，旋即又和周遭的世界融为一体，和古池的命运一并走入遥远而未知的巨大的虚空。叔本华说，人的本质是盲目求生的意志。青蛙又何尝不是如此呢？反言之，有机的生命是有限的跃动，无机的生命是寂静的永恒，但无论有机还是无机的生命，万物并作，最终，皆归于寂静。这是蛙类命中注定的，不也是我们人类的一生吗？

且看《道德经》第十六章，云："致虚极，守静笃。万物并作，吾以观复。夫物芸芸，各复归其根。归根曰静，静曰复命。复命曰常……"

显然，《道德经》这段话所包含的生命感悟与芭蕉俳句中美学相通。这并不奇怪，"生命美学"的视角之所以对芭蕉俳句有效，是因为这一视角和芭蕉俳句之间存在着共同或相近的认识论基础，这就是道家的自然观念和生命观。唯有在"天地与我并生，万物与我为一"（《齐物论》）这样的认识论的前提下，芭蕉才能感受青蛙内在的生命律动，从春夜跃入古池的自然现象中顿悟到人与天地自然的契合，写出极富哲学思考和生命关怀的诗篇。我们也唯有在这一认识论之下，才可以对芭蕉创作这句俳句的精神动机、过程做出如上推论和联想，窥探其中的旨趣。

实际上，除中国文学和禅宗思想之外，道家思想也在芭蕉的精神世界占有极为重要的位置。有学者曾对芭蕉的作品进行统计分析,指出作品中对庄子的摘引甚多,涉及《逍遥游》和《齐物论》的引用就多达21处。

在道家天人合一、万物无别的自然观(也即文明观)的影响下,芭蕉创作了很多富有生命美学的诗篇,被称为自然生命的歌者。他还提出了"随顺造化,以四时为友"(《笈之小文》)的观点,并以诗文创作践行了朴素的自然主义生命美学理念。据此,或许可以这样说,芭蕉主要基于道家的自然观和生命观的思想通道,超越了现代功利主义的美学,直接连通着当下的生命之美学,并启发着未来美学之路径。

反顾自身,面对《古池》这样的诗篇,我们何以拘泥在禅宗思想抑或日本独特美学概念("物哀""幽玄""闲寂"等实乃近代思脉下的发明)之内提问和思考,而未曾发现一条新的美学思路,通往诗歌发生的现场呢?

与芭蕉那个时代的人们相比,我们的知识量不知多几倍于前人,但在认识论方面我们却较为固执和贫乏,甚至出现了某种意味的倒退。就美学而言,王国维在20世纪初就曾高呼"生命的美学",主张真正的美学应该从"使命"到"天命"、从"政治家之眼"到"诗人之眼"(宇宙之眼)。可如今,学界包括诗歌界流行的是基于近代科学理性的功利美学,导致我们生命观念的僵化和视域境界的萎缩,以致我们的知识遮蔽了我们的视野,使我们无法认识到自身所在自然界的真相和位置,这也是导致人与自然对峙,反过头来给自身带来戕害效应,引发人类生存危机在认识论层面的根本原因之一。

再次回到《古池》。基于生命美学提供的新的解读方向与可能,我们也尝试提供一个新的译文,供大家批评:古池暮春蛙轻跃,幽情寂在水声中。

这个译本注意到了原有某些译本中"池"和"塘"同时使用时的矛盾("池"和"塘"原本分别指圆形和方形的聚水洼地),回避了"扑通"等译词对诗境的伤害以及将诗翻译成"非诗"的尴尬。而且,新的译本点明了俳句所构建的审美世界的触发者和主角是暮春时沉默之蛙的事实,也顾及了沟通过去与未来、动与静、有与无之媒介和通道的"水声"的重要位置,同时以"幽情"和"寂"指向这句俳句所具有的隐微的审美特质。不过,诗无达诂,我们的解读和新译并非完美和唯一的正确,新的解读也绝非为了否定先辈们的成果与努力。我们的用意只在于,为《古池》等古典文学提供一种当下的生命美学(非某个人的美学理论或主张,而泛指基于万物演化的立场,将人放在自然界最末端位置去理解生命形态的美学观念)的视野与诠释的可能。

或许,大家会对此提出疑问,一首如此短小的诗,何以有这么复杂的解读?其道理何在呢?让我们再次回到俳句本身。从发生学的立场看,我们知道俳谐连句是一种集体的创作,原本作为俳谐第一句(发句)的俳句,在创作时必然考虑到接下来新的作者的存在,有时候会故意"埋进暗示的地雷"(川本皓嗣语)。后面的联合作者也会有意误读、加入新解而创造新奇感等。因此,俳句作为世界上最短的律诗,在很大程度上需要借助读者的暗示。肯定和鼓励读者进行合理想象，甚至创造性地理解俳句的意思也成为俳句的题中之义。也正是基于对俳句这一诗歌样态之特点的理解，我们才敢立于当下的生命观念和历史审美的事实，提出一种新的解读方案。这不是否定，而恰恰是对俳句表达出的至高的敬意。

维特根斯坦认为，语言的边界也是世界的边界。在《逻辑哲学论》的前言，他把这部书的全部意义归结为一句话："凡是可以说的东西都可以说得清楚，对于不能谈论的东西必须保持沉默。"也有人将之引申为：在无法言说之外，人必须沉默。对此，我只同意这个观点的一半。因为，这个世界上有哲学的、逻辑的语言，也有日常生活的语言，还有文学的诗性的语言。如果说哲学和日常的语言背后潜藏了一个本质（彼岸），迫使我们陷入一种永不休止的追问（理性的二律背反）和思考的焦虑之中的话，我们不要忘记，人类还有一种以诗的方式、艺术的方式可获得生命的启迪。对于无法言说的（彼岸），我们可以尝试以诗的方式言说，以诗的语言暗示、隐喻和体悟现象背后的秘密，言说那个不可说的沉默。

今日人类文明再次面临危局，我们期待新的美学与诗歌。我们相信，在诗歌的空白和沉默处，必然有一条美的道路，昭示人类未来的生活。而这条美的道路，必须由我们返回古典和传统，返回禅宗和道家美学，并以当下的生存境遇去重新构建我们对传统的理解，最后以传统复兴的形式，再造我们明日的文明。

二十三、唐通事

"唐通事",是一个日本专有历史词语,发音为"とうつうじ"(toutsuuji)。唐,即为古代日本对中国相关事物的指称;通事,即通词、通辞,在日语中是"翻译"的意思。"唐通事"直译的话就是中国语翻译。作为一种曾经的历史现象,"唐通事"特指日本江户时代在长崎等地区从事中国汉语口语翻译的一种职业。

日明和五年(1768年)版《清槎唱和》,德国巴伐利亚州立图书馆藏江户时代的日本,德川幕府实行长期的锁国政策,并加紧对内控制,特别是对天主教打压。1612年发布禁止天主教的命令,拆毁了京都的教堂。1616年又命令所有外国船只,只准停靠长崎、平户两港。1633年德川家光终于全面封锁日本,禁止一切日本人出境,并严禁天主教传播。随后,日本政府规定,只允许中国与特定国家的商船来日避港,指定停泊于九州的长崎。

因此,对日贸易的中国商人就在长崎汇集。差不多在同一时期,中国特别是福建地区出现了大批迁徙至此的移民。因此,语言的沟通成为日本当地政府的首要任务。专业的翻译人员即"唐通事"便应运而生了。据《长崎实录大成》所述,"唐通事"一职最初的被任命者是一位叫作冯六的人,《唐通事始考》等史料虽然认为"冯六"是一个虚构的人物,但上述说法在历史发展的逻辑上是成立的。

"通事"即翻译这一职位,早在江户时代之前就已存在,通常被称为"佐""吉师"等,人数较少,并且不是专门性的职业。据历史记载,自日本宽永年间(公元1624年—1643年)起,开始设置经过专门汉语口语培养的翻译人员。《长崎通航一览》记载,1666年,曾任命"通事"160余人(包括荷兰语翻译),颇具规模。

"唐通事"的存在,几乎贯穿了日本整个江户时代。"唐通事"姓名见于记载者总计826人,职务职级分化多达20余种,是日本江户时代对外通商、外交等事务系统中一支不可忽视的力量。而且由于绝大多数是中国移民或其后裔，因此先天地带有中国文化的因素，不同于日本本地的翻译系统。而且，具有一定的组织性和结构性，按照等级由上而下，依次为：

唐通事头取

唐通事诸立合（海关官员）

唐通事目付（汉语总翻译）及内助

唐大通事

唐小通事及内助

唐小通事并同末席

唐稽古通事

唐内通事

由于中国方言众多，因此，作为一种职业化的口语翻译，又分"南京口""广东口""福州口"等，分别对应相应的中日语言对译。

据当时日人小宫山昌秀《西州授化记》的记载，1672年，当时避居长崎一地的中国人有38家。中国人冯六，便是长崎"唐通事"的始祖。稍后的一些著名的"唐通事"，如刘一水、陈严正、郑干辅等都是中国人，也有中国人的后裔，如深见玄岱，便是中国彰郡人高寿觉的孙子，庄左卫门与元右卫门二人，则是中国范阳人卢君玉的儿子和曾孙。[1]

而且，据李斗石所著《闽籍唐通事研究》（社科文献出版社，2019）所引日本人宫田安《在日通事家系统考》之研究，在长崎的49个"唐通事"家族中，来自中国的有47个，福建籍的就有24个之多。

如上所见，初期，"唐通事"这一职位虽然多为中国人及其后裔担任，后来由日本人担任"唐通事"的例子越来越多，据说到17世纪中期，日本人自己培养的"唐通事"，已近170人。日本人担任"唐通事"，从小就要学习汉语，而且一般从娃娃时代抓起。这样一来，日本人十五六岁就可以补任"稽古通事"。每当中国商船入港，他们跟随大小"通事"迎接，协助向"奉行所"起草呈文，向中国商人宣布日本法令等。经过几年的现场实习，一般在20来岁，便可升任"小通事"了。

1716年，长崎的"唐通事"们，还开设了"唐韵勤学会"，定期交流汉语口语学习心得。这让我想起2008年赴日在日本国立国会图书馆交流期间，参加他们不定期举办的汉语学习交流小组的情景。

在"唐通事"的养成教育中，作为语音训练的教材，多见《三字经》《千字文》等，其后也会学习《论语》《孟子》等。

---

1. 严绍璗，刘渤. 中国与东北亚文化交流志[M]. 北京：北京大学出版社，2016：276.

会话课程的教材，则主要是中国明清俗语小说。日本汉学家雨森芳洲说："或日学唐话，须读小说可乎？日可也。"又说："我东人欲学唐话，除小说无下手处。"

此外，作为"唐通事"重要的构成，中国后裔这一身份特质，十分有利于工作的展开。因此，他们基本持有两套姓氏系统，或者说在文化身份上，他们既作为日本人，也作为中国人存在。如在清朝和日本锁国，并无官方往来之际，唐通事向清朝商人、船主签发通商许可证——长崎通商照票时，为了取得商船的信任，一般只使用中国姓氏。

二十四、训读[1]

中日文化交流源远流长，有着长达1500多年的历史，在世界文化史上写下了极为光彩的篇章。而两种文化的交流离不开语言的翻译，在近代意义的翻译出现之前，中日之间的对话和交流的方式——"翻译"，是以训读的方式展开的。

训读，是古代汉字文化圈内一种特有的"翻译"方式。之所以说它特有，有3个原因：其一，此种翻译方式是一种依附于原文样态、通过两种文字共同作用而实现语义置换的翻译；其二，这样的翻译方式是汉字文化圈特有的历史文化现象，是古代东亚内部世界实现文化交流和信息共享的最重要的手段和途径；其三，训读并非一般现代意义上的翻译行为，但站在广义的翻译学立场上，却又达到了翻译的效果和目的。

换言之，训读，是日文汉字所用的一种发音方式，是使

---

[1] 本文主要参考自王晓平先生《中日文学经典的传播与翻译（上）》（中华书局，2014年）一书中第三章"中国文学经典日译类型研究"中的内容，所引内容已作引注，特此说明。

用该等汉字之日本固有同义语汇的读音。这是一种能够逐字逐句翻译、非常重视原文、机械化的翻译方法。训读只借用汉字的形和义，不采用汉语的音。相对地，若使用该等汉字当初传入日本时的汉语发音，则称为音读。如"水"训读为"みず"（mizu），是日语固有之说法，与字音"すい"（sui）并无关联。

训读的历史起源很早。在新刻《古事记》的序言中就有如下记载：

> 上古之时，言意并朴，敷文构句，于字即难。已因训述者，词不逮心，全以音连者，事趣更长。是以今或一句之中，交用音训，或一事之内，全以训录。即辞理叵见，以注明，意况易解，更非注。亦于姓日下，谓玖沙诃，于名带字，谓多罗斯，如此之类，随本不改。

新刻《古事记》序，日本国立国会图书馆藏

从中不难看出日本人借用汉语创作《古事记》时的痛苦样态及保留汉字而音训兼顾的思路方法已经产生的事实。

训读内有三大要素：汉字、本民族标记符号和本民族语言。据王晓平先生考证，训读这一特殊的翻译方式，并非开始于日本人，而是华夏周边的少数民族。在敦煌文献中，已经可以找到和日文训读类似的做法了。[2]京都大学教授金文京在《东亚汉文训读起源与佛经汉译之关系——兼谈其相关语言观及世界观》中主张，日本汉文训读应该是从佛经汉译的过程中得到启发而形成的，且很可能直接受到了古代朝鲜半岛新罗汉文训读方式的影响，而这种阅读方式在契丹、维吾尔等阿尔泰语系民族中也可以找到实例。由于训读保留了当时汉字的音义，因此，成为了解、考察各个时代语言变迁的珍贵记录。有的学者甚至认为，日本人在训读过程中创制了平假名。[3]

日本人借助训读这一方式，大量汲取中国文化的养分，并将其化为自身的文化血脉。如日本著名学者松浦悠久就认为，在接受中国汉诗的过程中，日本人以训读的方式形成了日本独有的"文言非定型诗歌"。这一点可以从明治年间如佐藤春夫等翻译的《车尘集》等汉诗文集的风格中得到证明。日本著名汉学家白川静曾在《汉字百话》中说道：

---

2. 王晓平. 中日文学经典的传播与翻译（全二册）[M]. 北京：中华书局，2014：184.
3. 陆锡兴. 从敦煌曲谱看日本民族文字的形成[M]. 兰州：甘肃文化出版社，1999.

就我国文字来说，鸥外、漱石的读法，也因读者的年龄、状况而不同，作品和读者是互动的。读坪内逍遥翻译的莎士比亚的戏剧的人，今天已经没有了，而平田秃木翻译的小说等，就很容易看到。全都是在互动。然而训读法的对象中国古典却不是像希腊语、拉丁语那样的动的世界。训读文具备不动的文体。只要用那种训读法去读，《史记》，杜甫、李白，谁读都一样，也就是由于这种训读法被国语化了，与读日本古典没有特别的不一样。外国文献、作品以这样安定的形式，也就是作品与译文在固定的关系上来理解的，恐怕找不到另外的例子吧。由于这种方法，日本的先人们将中国古典完全移植到国语领域，能够为己所有。[4]

此外，汉文训读，不仅是一种日本人学习中国文学和文化的方式和翻译的策略，在明治时代还成为日本人接触西方新思想的一种世界观念和方法。明治时期日本人的英语教学，采用的就是"训读翻译法"。

但从江户时代，便有人开始质疑这种训读方式的先天性不足。如著名汉学者、萱园学派创始人荻生徂徕便主张"华音直读"，反对训读。但实际上就连他自己也没有完全做到。据记载，当时中国黄檗宗的著名僧人赴日，他去拜访，谈话

---

4. 王晓平.中日文学经典的传播与翻译（全二册）[M].北京：中华书局，2014：197.

间也表达了汉语学习的困难。而近代以降特别是随着"言文一致"运动的展开，很多日本学者开始持有训读是一种障碍的观念。

整体而言，随着日本近代化的推进，特别是二战之后，大多学者都不再强调训读有效性和特殊性的一面，而多指出其不足和问题所在。如有"日本中国文学研究天皇"之称的京都大学教授吉川幸次郎就认为，训读是日本中国学的不幸。而东京大学的教授松枝茂夫也持类似的观点，并举例说训读容易造成的误读问题：

刘希夷《代悲白头翁》中，"坐见落花长叹息"中的"坐"，和杜牧《山行》"停车坐爱枫林晚"的"坐"，日本自古以来都读作"ソゾロニ"（不觉地、不由地），这种读解出自李善注《文选》："坐，无故也。"但是，这两首诗中的"坐"，其意思并不相同，却都读作了"ソゾロニ"，甚至有学者把杜牧的这句诗解释成"下车坐在石头上眺望风景"，由于迷信古人，以致谬种流传。他还举出孟浩然《春晓》的"花落知多少"，自古以来都被训读作"知ヌ多少"，遂将这一句解释为"知多"，将"少"看成无意义凑足音节的词。而实际上"多少"是疑问词，"知多少"，意思是不知道有多少。[5]

---

5. 王晓平. 中日文学经典的传播与翻译（全二册）[M]. 北京：中华书局，2014：210.

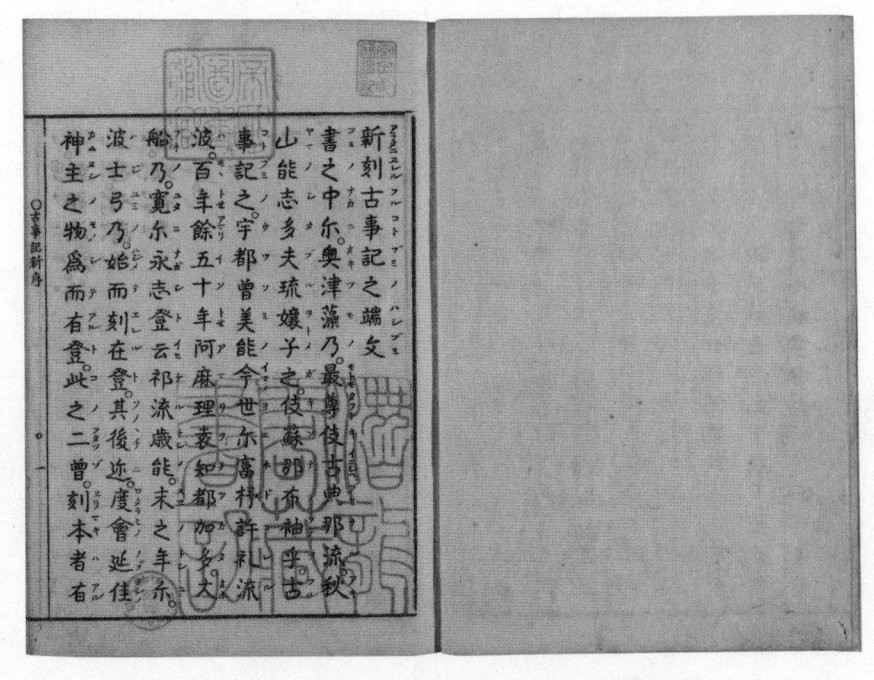

新刻《古事记》新序，本居宣长撰，日本国立国会图书馆藏

二十五、大愚良宽

作为作家的夏目漱石,晚年的绝笔非其未完的小说《明暗》,而是他住院前两日创作的两首七律汉诗。

其一
大愚难到志难成,五十春秋瞬息程。
观道无言只入静,拈诗有句独求清。
迢迢天外去云影,簌簌风中落叶声。
忽见闲窗虚白上,东山月出半江明。

其二
真踪寂寞杳难寻,欲抱虚怀步古今。
碧水碧山何有我,盖天盖地是无心。
依稀暮色月离草,错落秋声风在林。
眼耳双忘身亦失,空中独唱白云吟。

以上两首七律，是夏目漱石誊抄于日记中的诗作，诗作后面标注了日期，分别是大正五年十一月十九日（1916年11月19日）和大正五年十一月二十日（1916年11月20日）。这两首汉诗主题十分相近，可谓姊妹篇[1]。其中落款19日创作的汉诗开篇写道："大愚难到志难成，五十春秋瞬息程。"

　　大愚，即日本江户时代的传奇人物曹洞宗僧人良宽道人的号。夏目漱石一生创作汉诗200余首，被中国台湾学者郑清茂等人认为其汉诗乃明治日本汉诗的高峰。若夏目漱石在天有灵，一定不敢苟同这样的观点。尤其在其晚年，在不同场合表达了对良宽道人的钦佩以及对自己创作尚未得道的失望。

　　夏目漱石的感觉是真诚的，从其汉诗创作而言，晚年以汉诗追慕道思而未能解脱，故而造成其汉诗审美风格的艰涩与苦味。当夏目漱石在生命的尾声，发出"碧水碧山何有我，盖天盖地是无心。依稀暮色月离草，错落秋声风在林"的感叹之时，他所钦佩的良宽在多年前就已写下如下的诗句：

　　　　我生何处来，去而何处之。
　　　　独坐蓬窗下，兀兀静寻思。
　　　　寻思不知始，焉能知其终。
　　　　现在亦复然，辗转总是空。

1.王广生.读诗札记：夏目漱石的汉诗[M].北京：北京大学出版社，2020.

空中且有我，况有是与非。

不知容些子，随缘且从容。

与夏目漱石的七律形式和苦涩的文雅不同，良宽的汉诗轻松活泼，口语化表达之下也有掩藏不住的智慧与幽默。很明显，两者属于不同的世界：一个是文人的汉诗；一个是出家人的诗偈，又称偈子或偈。但无论哪个，都是借助汉诗——这种东亚汉字文化圈共有的文学形态和方式，疏解表达乃至建构一个独立的精神世界，这个世界里面生长着东亚诸国共享的东方古代思想和美学。

良宽，作为一名曹洞宗僧人，并未在日本佛教史上留下什么印迹。反倒是他的汉诗、书法和缥缈于虚实之间的故事，让他成为后来者追慕的传奇人物。成就良宽的不能说是中国文化，因为"良宽"这个文化符号内含有多个层面的因素，而最重要的部分是他以独特的艺术方式（甚至是他独特的生命存在状态），展现了中国文化尤其是禅宗文化在江户时代的日本化过程。对于良宽来说，他的书法和汉诗就是他本人内心和日常生活的最好写照，艺术和生活高度合一，这是至高的"写生"。而后来者如夏目漱石虽然汉学修养很高，但其汉诗难以比肩良宽，最根本的原因就在于在西方主客二元对立的思维模式下（包括生存模式的改变），夏目漱石已经无法主客合一、物我两忘了。在夏目漱石眼中，这个世界是他自我意识的对象，拥有强烈的"我"的这种意识之后，

"我"就难以恢复到"无我"的本质,"则天去私"也只能是一种理性的思考和认知而非禅宗觉悟后的道行抑或可实践的道德律(康德意义上)。

以下,我们通过良宽的汉诗、书法和关于他的传奇爱情,来谈一下其中的中国文化及其变异。

良宽一生创作的汉诗,有400多首。基本收录在《良宽道人遗稿》(公元1867年)这部书中。这部书的序言中写道:

> 师讳良宽,号大愚,北越出云崎橘氏子。兄弟数人,师其长也。师生而杰异,幼而不甘俗流。年

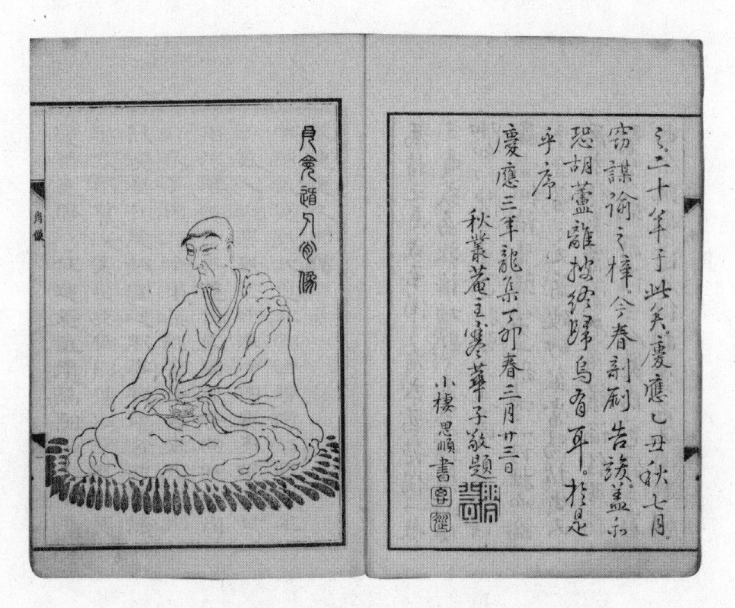

庆应三年刊《良宽道人遗稿》,早稻田大学图书馆藏

二十二,遭备之圆通寺国仙和尚行化其国,乃令弟某继旧业,自往投之,剃发受具,相随抵圆通,服事数年。贫旅苦修,与众不群,深究道奥。仙附偈曰:良也如愚道转宽,腾腾任运得谁看。为附山形烂藤杖,到处壁间午睡闲。而后历参诸方,萍游殆二十年。

……………

而还故国,居于国上山巅之五合庵,又移住于山下乙子林之小庵。一钵孤锡,分卫村落市廛,或打毬,或斗草,与稚儿孩女嬉戏谐噱。任运放旷,诗歌翰墨纵意所之。……天保辛卯正月六日,示寂其舍,寿七十有四。阇维得舍利无数,葬邑之隆泉寺。余尝得其遗稿,后访国上五合庵故址,咨询山下古老,又屡就其参徒贞心尼者,详师履践风彩。

从序言中,我们可以大致了解良宽漂泊而传奇的一生。他一生清贫,始终生活在社会的最底层,流落他乡,却能容膝易安,与儿童嬉戏。

良宽身前身后,皆寂寂无闻。死后多年也无人提及,明治时代之后逐渐被世人所了解,其汉诗、书法、和歌及他的人生才得到关注和认可。到1900年之后,随着俳句运动、禅宗思想的兴盛以及出版业的发达,关于良宽的歌集、诗集逐渐增多。如相马御风相继出版《大愚良宽》(春阳堂,1918年)、《良宽和尚诗歌集》(春阳堂,1918年)、《良宽和尚遗墨集》(春阳堂，1918年)等20余册专著，为研究良宽奠定了重要的基础。夏目漱石也是在这样一个时代的潮流中开始认识到良宽的魅力。大正三年（公元1914年）1月18日，夏目漱石给山崎良平的书信中写道：良宽诗集一部收到，十分感谢您的厚意。良宽上人的诗确为杰作，日本自古以来的诗人中少有能与之匹敌。

良宽虽是曹洞宗僧人，也有机会成为一个寺庙的方丈，但却流落他乡，成为一个行脚僧。因此，行乞是他后半生最主要的活动之一，这一点也反映在他的汉诗中。试看下面一首诗：

青天寒雁鸣，空山木叶飞。
日暮烟村路，独揭空盂归。

本诗描写了良宽行乞空手而归的场景。炊烟袅袅的村落中穿行的僧人忍饥挨饿，内心的孤独与无奈，却以平淡的方式被叙述出来，犹如一幅行乞暮归水墨图。

生涯懒立身，腾腾任天真。
囊中三升米，炉边一束薪。
谁问迷悟迹，何知名利尘。
夜雨草庵里，双脚等闲伸。

这是一首禅偈,任性而自然,语言活泼、诙谐。用今天的话来说,这可看作是一首"躺平"味道浓郁的诗歌。不过,良宽的"躺平"是一种富有艺术的生活态度,是对自身物质和权力欲望的摆脱和悬置。

有人说,他的汉诗里,前期多见《论语》《文选》《楚辞》《唐诗选》《寒山诗集》等书之影响,后来又可以看出道元禅师《正法眼藏》中的禅思妙想,儒学的因素坚毅其信仰、人格,佛禅和老庄则让其汉诗脱俗清丽、平淡而富有生气。

今日的"良宽"已经名扬天下,甚至世人为其筹建了良宽纪念馆。不过,与汉诗、和歌相比,他的书法似乎更受世人瞩目。

二十六、"禅宗"与《草枕》

禅宗思想与夏目漱石本人生活及其文学创作关系密切,在夏目漱石的书画、汉诗以及小说中均有深刻的印迹。特别是在1906年出版的"以美为生命的俳句式的小说"——《草枕》中有着较为集中的体现,这一点学界已多有论及。但禅宗思想本身内涵复杂,而《草枕》中禅宗思想的第一要义是"应无所住而生其心"(以下简称"无住")的观念,这一点学界尚未指出。实际上,《草枕》可以看作是以禅宗思想尤其是"无住"为基础撰写的一部文艺批评。

(一)《草枕》的特色

1906年9月,夏目漱石在《新小说》杂志上刊发了《草枕》,这是他继《我是猫》《哥儿》之后的第三部小说。虽然这部作品在他整体的创作生涯中并不十分有名,但由于其特色鲜明,也颇受学界瞩目。那么,其特色是什么呢?

在该小说尚未发表的同年8月28日,夏目漱石在给关系

密切的弟子小宫丰隆的信函中写道:

> 这次在新小说里发表了一篇题名为《草枕》的作品,预计九月一日发行。你务必要读一读。这样的小说是开天辟地以来未曾有过的(可不要误解为开天辟地以来的杰作)。[1]

"开天辟地",固然显示了夏目漱石的幽默,但"未曾有过"无疑表达了夏目漱石对《草枕》创作的艺术自觉和自信。"未曾有过"的是什么呢?

对此,夏目漱石在《我的〈草枕〉》一文中提供了较为明晰的答案:

> 我的《草枕》是以与世间通常所说的小说截然相反的主题与形式写成的。我若能给读者留下一种感觉,即美的感觉就满足了,其他的没有任何的目的。……通常所说的小说,即令读者玩味人生真相的小说也是不错的,但同时还应有一种忘记人生之苦的慰藉作用的小说存在。我的《草枕》就属于后者。……以往的小说是川柳式的以道破人情世故为主,但此外还应该有以美为生命的俳句式的小说。……如果这种俳句式的小说——名称很怪——得以成立,那么它将在文学界

---

[1]. 夏目漱石. 漱石全集·書簡[M]. 東京: 岩波書店, 2004: 546.

拓展出新的领域。这种小说样式在西洋还没有，日本也还没有，如果在日本出现了则可以说，小说界的新运动首先从日本兴起了。[2]

由上可知，夏目漱石所言的"未曾有过"之小说，在文体和主题上的独特性主要在于：文体上是"俳句式小说"，主题内容上则是"非人情"。

小说《草枕》的主要线索就是青年画家来到偏远的一个叫作"高保田"的山村寻找"非人情"之旅。如在小说的第一章，作者借"我"的口吻，就明确提及了小说"非人情"的主题：

> 如果将这次旅行中所遇之事和所见之人当成能乐中的故事情节和人物形象将会怎样？虽然不至于完全抛却人情，但归根结底这是一次诗的旅行，所以要尽量约束情感，向着非人情的方向努力。[3]

（二）"无住"与《草枕》

上文提到《草枕》的在主题上的特色是"非人情"。那么，何谓"非人情"？

我们先来看看夏目漱石自己的观点。他在《文学论》中，就曾提出"非人情"的概念：

---

2. 夏目漱石. 漱石全集16[M]. 東京：岩波書店，1967：544–545.
3. 夏目漱石. 草枕[M]//日本文学全集15. 東京：集英社，1972：103.

可称为"非人情"者，即抽去了道德的文学，这种文学中没有道德的分子钻进去的余地。譬如，吟哦"李白斗酒诗百篇，长安市上酒家眠"，其效果如何？诗意确实是堕落的，但并不能以此着重断定它是不道德的，"我醉欲眠君且去，明朝有意抱琴来"，这也许是有失礼貌的，然而并非不道德。非人情即从一开始就处于善恶界之外。（中略）吟咏与人事缘分较疏的、未混入人情的自然现象的诗，其中较多含有"非人情"的、"没道德"的趣味，实不足怪。古来东洋文学中这种趣味较深，我国的俳文学尤其如此。[4]

据此，我们可以把夏目漱石所论"非人情"之要点，归纳为两点：其一是，抽离了善恶道德的文学。其二是，"非人情"多出现于东洋的文学，尤其是日本的俳句文学中。[5]

村松昌家在《作为小说美学的"非人情"——〈草枕〉的成立》一文，就主张夏目漱石正是基于对——《金色夜叉》以及田山花袋为代表的、描写"情欲"甚至"肉欲"的——自然主义文学的抵抗而完成了"非人情"之美学。

冈崎义惠曾解读"非人情"："所谓'非人情'即抽离人

---

4. 夏目漱石. 漱石全集18[M]. 東京：岩波書店，1967：139-140.
5. 据此我们也可以了解到《草枕》在文体上作为俳句文学的特色和主题上作为"非人情"的特色是一体的，两者不可分离。其背后的思想在本文看来，也可统一在禅宗的东方观念中，并得到解释。

情而旁观世界。根据漱石的观点，人情世界即是道德世界，离开道德世界即为'非人情'。如此，它应该或是宗教世界，或是艺术世界，或者是科学世界。"[6]

换言之，"非人情"的《草枕》实乃夏目漱石所打造的一个艺术和宗教的世界。实际上，《草枕》中凸显的禅宗思想，国内外学者多已指出。国外学界较有代表性的是韩国学者陈明顺和日本学者加藤二郎，两者指摘小说多处与禅宗思想的关联，前者甚至认为《草枕》乃是一部融合了夏目漱石本人参禅求道体悟的禅宗公案小说[7]。

但有意思的是，虽然众多学者指出了《草枕》中浓郁的禅宗思想，却鲜有以禅宗的思维和立场去理解"非人情"的本质含义，而总是集中于探讨"人情"的内涵以及对于"人情"的抽离等。本文以为，真正理解"非人情"的关键则是对"非"字的解读。

作为汉字文化圈内的读者，基于"非人情"这一汉文的组词方式，即可对其含义有所领悟，若结合夏目漱石的说明，至少对"人情"的理解基本没有太多的分歧，即人情世故、现实之利害关系是也。关键或在于对"非"解读上的不同。而对"非"的理解，于此不能按照日常用语的逻辑去把握，而应从禅宗思想的立场去思考。正如近藤文刚所言："世间的'非'多半含有否定的意味，不过若从佛教特别是禅的

---

6. 岡崎義惠. 鷗外と漱石[M]. 東京：要書房，1956：168.
7. 陳明順. 漱石漢詩と禅の思想[M]. 東京：勉誠社，1997：128.

思想的视角考察，'非'表达了对于肯定、否定之意的超越，反而指向了事物的本来面目。"[8]

因此，"非人情"之意，在佛教尤其是禅宗思想的视角下，"非"不是对"人情"简单的否定抑或肯定，而是在"扫相破执""无相无住"的观念指导下，经由"非""不"等"解构"之方法和手段，对原有观念之"人情"再发现，看到"人情"的本来面目。这样的禅宗思维方式，恰恰典型地体现在《金刚经》为代表的禅宗经典之中。

众所周知，《金刚经》是般若经典纲要之作，地位甚殊，且流布极广，如三论、贤首、天台、唯识等宗派均有注疏，尤其是禅宗一脉，更是奉其为典章经卷。因此，理解《金刚经》的思想内涵及其影响，需多在禅宗文化的脉络中去理解和把握。此外，后来诸家注解《金刚经》，很多人主张其思想核心，正在"应无所住而生其心"（以下简称"无住"）之句。

"无住"，可以说是佛教，尤其是大乘佛教的核心观念之一，在《摩诃般若波罗蜜多心经》（通称《心经》）中集中表达为"色即是空"之句。六祖慧能也正是听到五祖弘忍讲授《金刚经》"应无所住而生其心"之句时，豁然悟道。继而，"无念、无相、无住"作为六祖禅法（《六祖坛经》）中的关键，最后也是落在了"无住"之上。

---

8. 近藤文剛. 禪に於ける非人情の一考察[J]. 印度學佛教學研究，1959，7（2）：559-560.

何为"无住"?《金刚经·离相寂灭分》中说:"菩萨应离一切相,发阿耨多罗三藐三菩提心。不应住色生心,不应住声、香、味、触、法生心,应生无所住心。"[9]

佛家认为,"应无所住"乃是指对于人类而言,世界首先是一个经验的世界,且是一个被遮蔽的、缺乏自性的世界,并非世界的本来面目。如"凡所有相,皆是虚妄"[10] "一切有为法,如梦幻泡影,如露亦如电,应作如是观"[11]所云,"无所住"为佛学之体,即在本体论和认识论层面对人类外在经验世界做了判断和说明。且以今日科学观念视之,我们人类基于自身的感知通道和手段所能认识到的世界,如眼睛中的光色、耳朵里的声波、身体的触觉等在某种意义上,实则是对世界的曲解。[12]因此,在这个意义上,我们也可以理解《心经》所讲的"五蕴皆空"。[13]

进而,《金刚经》在方法论上警示人们莫要驻足于色、

---

9. 陈秋平,尚荣.金刚经·心经·坛经[M].北京:中华书局,2016:49.对此句的解释历来纷纭,未能统一。"应无所住"是指世界最真实的那个状态。在佛教看来,世界总是以"虚无"和"空"的方式向人类呈现,这导向世界本体意义上的"无"以及认识论上的"五蕴皆空"。以今日观点,人类无法把握世界的真相,根本的原因在于,人类自身感知的先验的规定性决定了我们所见世界的层次和状态。而"而生其心"之句,则主要是方法论层面,《金刚经》给予世人的启示,要求人们要脱离对五蕴的依赖,不执迷于世界的表象,而应以觉悟和佛性观照虚空,从而抵达真如的境地。因此,此句包含了佛教本体论、认识论以及方法论的统一。
10. 陈秋平,尚荣.金刚经·心经·坛经[M].北京:中华书局,2016:32.
11. 陈秋平,尚荣.金刚经·心经·坛经[M].北京:中华书局,2016:117.
12. 人类对世界的把握无非是眼耳鼻舌身意,即"声香味触法生心",但如我们所知,人类通往真实世界的并非一个真空的通道,而是我们自身已有先验规定性的感官和知觉等,如我们看到的五彩斑斓的世界,本无颜色之别,物体的颜色只不过是它反射出的电磁波波长的表象而已,同样的波长在不同的动物眼中呈现出并不相同的色彩。
13. 《心经》有云:"观自在菩萨,行深般若波罗蜜多时,照见五蕴皆空,度一切苦厄。"

声、香、味等的虚幻之相状,只有通过觉悟(意识到"空"是世界的本相),即智慧的观照才能接近世界的本原,以其觉悟之心,才能观照到一种纯粹的真实之美。这样的思想和方法论,若以《草枕》开篇文字言之,即"我观我所居之世,将其所得纳于灵台方寸的镜头中,将浇季溷浊之俗界映照得清醇一些"。[14]

(三)作为文学批评的思想基础

即便粗略浏览《草枕》这部小说,也会给我们一个直观又十分准确的印象。即禅宗意象俯拾皆是、随处可得。"觉悟""难居""灵台""溷浊俗界""解脱烦恼""清净""干屎橛""色相世界""本来面目"等佛家、特别是禅宗用语之外,人物设置上有寻求"非人情"之旅的青年画家、大彻和尚、大头和尚、剃头的小和尚等自不必说。即便在小说的描述上也充满了禅机和佛理。更为重要的是,作为一部"以美为唯一生命"的小说,它的展开,主要依靠青年画家"我"的思考和内心的活动,而思考和内心活动轨迹基本上是禅宗式的思辨和感悟。如小说第六章,青年画家"我"将思绪入诗,作汉诗一首:

青春二三月,愁随芳草长。

---

14. 夏目漱石. 草枕[M]//日本文学全集15. 東京:集英社,1972:103.

闲花落空庭，素琴横虚堂。
螨蛸挂不动，篆烟绕竹梁。
独坐无只语，方寸认微光。
人间徒多事，此境孰可忘。
会得一日静，正知百年忙。
遐怀寄何处，缅邈白云乡。

"方寸认微光"，与开篇"灵台方寸的镜头中，将浇季溷浊之俗界映照得清醇一些"正有异曲同工之妙，都是指以佛教所言开悟之心"观照"世俗人间而获得诗情画意，即一种审美的体验。

如前面所述，如果《草枕》有情节和故事的话，那就是讲述了一名来自都市的青年画家，厌倦了都市而来到偏僻的山村——这个相对封闭的世界——寻求绘画的美感的故事。小说的展开都是以"我"的所思所见为绝对核心展开的，因此《草枕》可以说是夏目漱石借助主人公"我"展开的一次虚构的寻美旅程，而主人公寻找、发现美的主要方法就是"非"，即以"无住"观念静观、谛观世界，也即观照人间。

实际上，夏目漱石在《草枕》的开篇，就为我们集中呈现了他关于美学的整体观念和设想：

一边在山路攀登，一边这样思忖。
发挥才智，则锋芒毕露；凭借感情，则流于世俗；

坚持己见，则多方掣肘。总之，人世难居。

　　愈是难居，愈想迁移到安然的地方。当觉悟到无论走到何处都是同样难居时，便产生诗，产生画。（陈德文译）

以上段落中既包含了"应无所住"所示的世界观（本体论）以及认识论，也包含了"而生其心"所示的方法论，以无观有，以有参无。而"应无所住而生其心"在美学思想层面，就集中体现为夏目漱石所持的"观照"的美学思想，以佛之"空性"发现、领悟和感受世间的纯粹之美。

因此，《草枕》在禅宗思想，尤其是"无住"观念的影响下，以"观照"为方法，对世俗的人间进行了一种审美的观照和体验。也可将《草枕》当作一部电影，而隐藏在观众和荧幕之间的那个起着决定性作用的装置——摄像机——内部的操作运行的"物理学"原理和法则正是"无住"为核心的禅宗思想。

综上所述，我们可以说，《草枕》的文学理念抑或文艺理念展开的主要哲学基础就是禅宗思想，特别是"无住"观念。

在《草枕》中，夏目漱石以叙述者"我"的立场发表了诸多艺术理论，很多学者已经指出，《草枕》的创作很大程度上来自对当时流行的自然主义文学的不满，因此，以文学创作的方式给予批评和回应。这样的观点自然不能说是错误的，但需要特别说明的事情是：自然主义以写人情甚至真实的肉欲为对象，而《草枕》则以写"非人情"为主题来展开，如果把主题的不同当作是《草枕》反抗和批评自然主义文学（尤其是以田山花袋为代表的情欲描写的文学作品，如《棉被》等）的主要理由就有些浮于表面了。

　　实际上，《草枕》是一部没有情节和冲突的小说，这是夏目漱石刻意为之的结果，是夏目漱石以禅宗思想静观世界造成的一种相对静止的美学样态。在这个美学样态之内，时间让位给空间，呈现出图像性的世界建构。也就是说，《草枕》是青年画家"我"内心的静思和眼睛的"观照"，人物的行动和冲突被极力压缩，近乎是一幅幅画的构造。这一点可以通过小说中对《拉奥孔》的否定和曲解看到，也可以从对"奥菲利亚"的描述中窥见一斑。再进步一来说，《草枕》的情节展开依靠的不是外部流动的时间和人物冲突，而是"我"内心的意识流，在内心展开的对美的评论以及独白，即《草枕》的文体和表达本就是评论的展开。所以，我们可以说《草枕》对于当时流行的自然主义文学的反抗不仅仅基于小说的主题和内容，而且也是在形式上的多个层面上展开的对文艺思想的对抗和批评的。换句话来说，我们甚至可以认为《草枕》在本体论上，是一部以东方思想为主要哲学基础的，形式上接近西方文学批评的评论集，而非西方式的小说。

　　且看如下段落：

　　　　……只要亲眼所见，就能产生诗，就会涌出歌。

想象即使不落于纸墨，胸膛里自会响起璆锵之音；丹青纵然不向画架涂抹，心目中自然映出绚烂之五彩。我观我所居之世，将其所得纳于灵台方寸的镜头中，将浇季溷浊之俗界映照得清醇一些，也就满足了。故无声之诗人可以无一句之诗；无色之画家可以无尺幅之画，亦能如此观察人世，如此解脱烦恼，如此出入于清净之界，亦能如此建立独一无二之乾坤，扫荡一切私利私欲之羁绊。（陈德文译）

综上观之，我们主张《草枕》是一部以禅宗为思想基础的文学评论也不为过也。

此外，《草枕》中，夏目漱石的代言人"我"主张艺术分为俗世的艺术和出俗的艺术。俗世的艺术是为人情，是正义、同情、爱和痛苦的西方的艺术；而出俗的艺术则是解脱的艺术，让人暂时远离尘世和痛苦，是东方的艺术。需要注意的是，文艺观的讨论是在东方与西方的比较框架下展开的，显示了夏目漱石文艺观念中内含的东西方文化比较的意味，也显示了这一文艺观念背后鲜明的时代话语特征。

1908年夏目漱石在给高滨虚子的《鸡冠花》所作的序中，曾提到"余裕小说"和"非余裕"之上还存在更高一级存在的小说样态，即"生死超越的小说"。而这一新的更高一级的小说样态背后的思想基础，正是在《草枕》中有着集中表达的禅宗思想。[15]据此,或许我们也可窥见禅宗思想在夏目漱石整体文学创作中的重要性。

---

15. 塚本勝義.文学の分類に現れた漱石の文学観[J].茨城大学教育学部紀要,1956(6):12-13.

后　记

　　大约六年前，我在北京外国语大学国际中国文化研究院（中国海外汉学研究中心）做博士后研究期间，张西平先生组织编纂一套《中国文化在世界文丛》，并力求知识与趣味的融合、通俗与学术的统一。鉴于中日文化交流异常丰富的事实，我和北京外国语大学日语学院的宋刚老师分别加入其中，各自负责上、下卷的写作任务。当时，我还作为该系列丛书的协调人，参与作者与出版社的沟通和联系工作。

　　后来，由于种种事由，加上我工作的波动，以致此书推进迟缓。幸而，五年前调入首都师范大学外国语学院日语系，身心得以平复，后结合自己的学术方向和院系专业的需要，开设了几门中日文学文化关系相关的课程，其中有一门课程的名称即是"中国文化在日本"。出于课程建设的需要，我又邀约唐晓可老师一起设计并授课。作为留日多年并获得日本古典文学学位的学者，唐老师熟稔日本文化。因此，当广西师范大学出版社的多加老师主动与我联系，开始着手推动此书的编辑和出版时，我们手头虽未有成熟的文稿，但积累的素材还比较丰富，因而能很快地投入到书稿的撰写和修订之中。只是，"中国文化在日本"相关领域的先行研究虽非浩若烟海，但也远超"五车"之巨，以《中日文化交流史大系》为代表的皇皇巨著至今未被超越，以周一良、严绍璗、王晓秋、王晓平等诸先生为代表的学人犹如大山般耸立眼前，仰之弥高。特别是，我的恩师严绍璗先生不仅有《中日古代文学关系史稿》《日本中国学史（第1卷）》《日本中国学史稿》《中国与东北亚文化交流志》等专业著述，还早在1993年刊出了大众学术读物《中国文化在日本》（新华出版社）！虽然，我幸得亲炙，投入严门，跟随先生攻读博士学位，并在他的指导下与其合作完成了《20世纪中国古代文化经典在日本的传播编年》（大象出版社，2018年）一书，但在写作本书的过程中，参阅前辈的著述时，内心的惶恐与羞愧不时袭来，让我惴惴不安。由此，我们提出将原来作者署名后的"著"修改为"编著"的建议。但即便如此，待到完稿之日，蓦然回首，发现此书的完成度相较于设想相距甚远。就我负责的那部分而言，更像是阅读严先生《中国文化在日本》等著述后的"解读版"。

不过，后记中也必须说一些希望和鼓励的话。换言之，本书的优点或在于将严先生撰写《中国文化在日本》时，遵循的一条有关日本文化生成的潜在的逻辑线索提炼出来，并尝试加以深化和推进。

众所周知，以严绍璗先生为代表的学者，将世界范围内的日本历史文化研究从历史叙述和外部描述层面，提升到了发生学的层面，为日本文化的发生、发展和变异提供了一套自洽且融合其他学说的认知框架和理论体系。而本书则更加明确地提炼出这样的认知论和方法论，以此进入日本文化不断生成和变化的具体语境中，尝试提出"多元文化内共生"的文化生成机理，作为对严先生所倡言的文化发生变异学的有效补充。

不幸的是，恩师严绍璗先生在去年永远离开了我们。2022年8月23日中午，看着先生那熟悉又陌生的遗容，在他的棺木内撒下最后几片菊花花瓣后，我和先生做了最后的告别。在返回途中，我突然想起夏目漱石的一句俳句：あるほどの 菊投げ入れよ 棺の中（棺木中，菊花尽撒落，难言我悲）。

先生少年立志献身学术，后入中日典籍，言思敏捷、卓尔不群，开创一代学风。今我来思，音容犹在，感念尤切，其心也哀。此书的写作，先生也是知道的，他还鼓励我，要谨慎，也要放开一些。可惜这几年，因疫情和时间所限，我跟先生为数不多的交谈中，未能深入相关话题。如今，先生已去，不可追也！但在某种意义上，先生还活在世上，至少他还活在后学者的内心。我在阅读材料和撰写书稿的过程中，常常以先生的著述为伴，犹如与先生进行别样的交谈，继续向他请求教示，以探寻真知。

如今，这本小书即将面世，我心怀一点喜悦以及更多的不安，期待着大家的批评和指教。感谢我曾经工作过的北京外国语大学中国海外汉学研究中心，所有的往事终将随着时间的流逝，于世界的虚无处消解。感谢广西师范大学出版社的耐心等待，感谢多加老师可贵的热心，感谢周萌萌女士的认真编辑。

谨以此书献给严绍璗先生等为中日文化友好交流做出贡献的前辈学人。

王广生

2023年6月

下卷

宋刚 编著

一、弥生时代

汉字和假名

众所周知，现代日文表记兼用汉字和假名，这是日文书写的一大特征。毫无疑问，日本汉字来源于中国。日文的汉字和假名是日本文化受中国影响后留下的深刻烙印。

在汉字传入日本以前，日本没有固有的文字。神话、故事等依靠人们口口相传。

汉字传入日本的时期未有定论，但应该不晚于公元4世纪。埼玉县稻荷山古坟出土的5世纪文物金错铭铁剑剑身上就铭刻有汉字。而且，日本还发现了更早的相关文物，比如在公元前1世纪的墓中就发现了西汉制造的刻有汉字铭文的镜子。文物研究还表明，汉字是经由朝鲜半岛随着汉文书籍一同传入日本的。

最初，日本先民使用汉字在汉语中的意义。例如用"山"表示土石高耸的地形，读音也模仿汉语的发音。但是，在表达本土固有词汇时，他们便借用汉字的发音来标记日语的发音，如用"也麻"表示日语中的固有词"yama"（山）。这种假借汉字读音的用法在日本最古老的诗歌集《万叶集》中最常用，因此叫作"万叶假名"。

进入6世纪以后，日语汉字产生了"训读"。所谓"训读"，就是采用汉字字义来表意，但读音却不模仿汉语的发音，而是读作日语固有词的发音。例如汉字写作"山"，却读作"yama"。与此相对，使用汉字在汉语中的读音，叫作"音读"。

日语音节较多，而上文提到的万叶假名基本是一字一音，写起来非常麻烦。日本人在书写时，为了追求简便快捷，自然地会越写越草，字与字之间接连不断。这种假名叫作"草假名"，最早见于9世纪中叶。而且，由于使用汉字时既可只取音（假名），也可取义（训读），甚至音义皆取，因此容易混乱。为了将汉字和假名进一步分开，人们将草假名进一步草体化，发展成了笔画弯曲的新文字——"平假名"。

同时，日本人阅读佛经等汉文典籍时，为了帮助理解汉语这种外语，需要在字里行间加入一些日文注解。这就需要一种笔画简单的文字。奈良时代训读佛经的僧人们用汉字偏旁或简化汉字表示日文的助词等语法结构，这种简易的文字被叫作"片假名"（"片"即"不完整"）。

日本人对汉字进行改造后，形成了汉字、平假名、片假名并存的局面，后来虽然经过改革，但一直到今天这种局面也没有被打破。日文的汉字和假名是日本人改造外来文化的成功案例，也是日本文化受中国影响后留下的深刻烙印。

参考资料：

1.潘钧.日本汉字的确立及其历史演变[M].北京：商务印书馆，2013.

二、飞鸟时代

纸

造纸术是中国古代四大发明之一，古代中国造纸的主要原料是麻纤维。中国出土文物中最早的纸是甘肃省天水市放马滩西汉墓出土的粗制麻纸。东汉时，蔡伦对造纸术进行改造，用麻布、树皮、渔网等材料制纸。此后，中国古代造纸术一边沿丝绸之路等贸易通道对外传播，一边在改良创新中不断发展。

造纸术传到日本是在公元610年，据说是由朝鲜半岛的僧侣昙征将其带到日本。日本人结合本国国情对造纸术进行改造，把麻换成构树皮，后来还用荛花树皮（日本人称为"雁皮"。中国丽江的"东巴纸"也是用这种材料制作的，防蛀防腐）、结香树皮等其他原料。这样生产出来的纸被命名为"和纸"。现存的日本制造的最古老的纸是702年的户籍记录用纸，存于奈良县正仓院，就是用构树韧皮制造的。最初，日本的纸专用于抄写佛经，但在平安时代，王公贵族们开始用纸书写和歌、汉文、书法作品等，京都还建立了官方造纸厂"纸屋院"。到江户时代，纸的生产量扩大、价格大幅下降，普通百姓也能用上纸和雨伞、提灯等纸制品，甚至还出现了回收废纸的"纸屑屋"。这一时期可以说是"和纸"的黄金时期。

在中国造纸术传入西方以前，埃及就发明了莎草纸，西欧也有羊皮造"纸"的技术，但中国的造纸术传入后，以棉、麻为原料的纸很快就取代了它们。中国造纸术需要"抄纸"这一工序，比较烦琐。18世纪末，欧洲人发明了长网抄纸机，大幅简化了纸的生产。19世纪时，欧洲人又开发出木浆造纸的技术，实现了高质量纸张的快速生产。西方国家生产的木浆纸量大质优，于明治维新以后传入日本，冲击了日本的和纸制造业。从此以后，日本不断建立"洋纸"工厂，西式木浆纸的机械化生产快速取代了"和纸"的手工生产。

　　今天，"和纸"虽然已退出日常实用领域，但作为日本继承自中国并进行了改造的传统文化遗产，被赋予了很高的文化价值，其制作工艺也不断得到改良创新，在艺术创作、文化交流等领域仍然大放异彩，俨然成为一种高级纸张。

参考资料：

1.『紙の基礎知識：紙の歴史』，2020-11-16，https://www.takeo.co.jp/finder/paperhistory/.
2.『紙の歴史』，2020-11-16，http://www.hiraide-paper.com/history/.
3.『紙の歴史』，2020-11-16，https://www.jpa.gr.jp/p-world/p_history/p_history_02.html.
4.『紙の歴史』，2020-11-16，https://maruraku.co.jp/paper_qa/paper_history.
5.『紙の歴史』，2020-11-16，http://www.kamifujiwara.co.jp/kami/history.html.

三、奈良时代

《论语》

《论语》是中国儒家的经典文献，是孔子及其弟子的言行录，由孔子的弟子们记录、孔子的再传弟子们整理而成。编辑成书当在战国初期。《论语》在各个方面都是中国古代思想宝库的瑰宝——在伦理思想方面提出了"仁"和"礼"，在社会政治思想方面提出了"正名"，在知识和教育方面提出了"有教无类"的教育观，还提出了"中庸之道"的处世哲学。

《论语》不仅在中国哲学史、思想史上占有极为重要的地位，对日本思想、文化的形成和发展也具有重要意义。根据日本《古事记》《日本书纪》的记载，日本第15代天皇应神天皇（3世纪末）时，百济国（朝鲜半岛古国）儒学家王仁前往日本，将《论语》《千字文》带往日本。这被认为是日本人首次接触汉字和中国儒家思想。继体天皇时，百济又派五经博士渡日，将儒家经学传到日本。到了奈良、平安时代，日本贵族和僧人都学习儒学（当时另一"热门"思想体系是佛教思想），当时专门负责讲习学问的"大学寮"学生的必修科目中也有《论语》和《孝经》等中国儒家经典。江户时代，日本江户幕府把儒学（以及中国宋朝朱熹等人发展出的朱子学）作为官学,《论语》思想,特别是"正名"思想和"忠""义"等内容成为幕府巩固统治的重要工具。

明治维新以后,日本积极吸收西方先进文化,儒家思想失去重视,但没有被日本人忘却。根据2010年的调查研究,日本小学5—6年级和初中的国语教材普遍收入了《论语》的千古名言,如"学而时习之""温故而知新"等名句。通过义务教育教材中的《论语》名句,日本国民现在仍然能够体会2000多年前孔夫子所构建的社会理想和政治蓝图。

参考资料:

1. 太安萬侣.古訓古事記2[M].京都:菱屋亦兵衛,1803.
2. 方克立.中国哲学大辞典[M].北京:中国社会科学出版社,1994.
3. 『儒学の歴史(あらまし)|儒学に学ぶ(孔子の教え「論語」をはじめ、易経、老子などの古典・東洋思想を学ぶ)』,2020-11-12,https://jugaku.net/jugaku/history.
4. 牛尾弘孝.中学校における『論語』の教材化をめぐる諸問題——安東俊六氏の論考と免許状更新講習を通して[J].国語の研究,2010(35):1-14.
5. 古珮玲,他.漢字文化圏における漢文教材——現行の中学校国語教科書所収の『論語』教材を通して[J].人文科教育研究,2010(37):65-78.

四、平安时代

1. 汉文

中国古代的书面语言是文言文。不过,由于古代中国文化与同时代的周边各国相比高度发达,文言文不仅在中国被广泛使用,在朝鲜、日本、越南等国也作为东亚共同书面语言被广泛使用。在日本,文言文被叫作"汉文"。汉文典籍的传入还为日本带来了博大精深的汉字文化。

根据日本《古事记》记载的传说,最早传入日本的汉文书籍可能是《论语》和《千字文》,目前藏于东京国立博物馆的古刀上刻的75字铭文,据推测约为5世纪后半期的文字。

汉文是按照古代书面汉语语法书写的文字,对日本人来说是外国语言的文字,不能完美地对应日语的词汇和语法结构。因此,日本人阅读汉文的时候是用"训读法"阅读的,以类似于字对字翻译的形式,将汉字一个一个拆开,读音替换成日语词汇的发音(如日语中没有就保留汉字词汇),调整成日语的语序后阅读。日本人最初可能仅阅读汉文,但不久后也开始用汉文书写文章。由于当时假名文字还未成形,所以最初日本人是用汉语朗读还是用日语朗读的,已经基本不可考了。

平安时代，日本汉文学达到顶峰，日本人仿照中国六朝的骈文，也创作了装饰华丽的四六骈俪体文章。这时期日本人阅读创作的汉文内容以儒学、佛学为多。平安末期后，日本进入战国时代，汉文文化式微，直到德川幕府平定天下时才得以发展。进入江户时代，汉文和汉文学又成为学术殿堂的中心，人们阅读研究的汉文书籍以儒家典籍为主，文体受中国唐宋时期古文运动的影响，不再一味追求音韵辞藻。

由于日本对于中国文字采用了独特的"汉文训读法"，而且不管是原汁原味的中国文章还是日本人创作的文章都用汉字写成，所以日本人并不将汉文视为外国语言文学，更多是当成本国的一种古典，其地位相当于拉丁文之于欧洲。直到现在，虽然保守的汉文文化和复杂的训读法已经在日本式微，但中小学的"国语"或"汉文"科目仍会开展简单的汉文教育，《论语》更是日本人耳熟能详的中国典籍。此外，汉文还对日语产生了一些影响，留下了诸如"を以て（以……）""須らく（须……）""に於いて（于……）"等源于汉文训读的表达。可以说，汉文对日本语言、文字、文化都产生了不可磨灭的影响。

参考资料：

1. 『日本漢文の世界』，2020-11-25，https://kambun.jp/izanai-index.html.
2. 『管説日本漢文學史略』，2020-11-25，http://www.ic.daito.ac.jp/~oukodou/kuzukago/kangakujyoudai.html.
3. 加藤美紀. 国語科における漢文教育のあり方について：文字教育としての活用[J]. 共立国際研究：共立女子大学国際学部紀要，2014(31)：149-163.

2. 道教

道教起源于中国，是中国的本土宗教。道教信仰源于先秦诸子百家中以老子、庄子的思想为中心的道家。道家以"道"为世间万物和一切活动的最高准则，主张以"无为"治国修身，效法自然。而道教将道家所讲的无名无形、孕育万物的"道"发展为宗教信仰，通过精神和肉体的"修炼"追求"成仙""得道"，还发展出了与鬼神信仰相关的一些法术。

道教思想文化东传日本，在日本流传至今。东汉后期，黄老道学形成实体，于魏晋南北朝演变成体系成熟、科律发达的宗教。其后，从日本各地出土的文物（如雕有神仙、神兽的三角缘神兽镜）来看，道教信仰和法术至少在4世纪时已经传到日本。到平安时代，道教中的许多重要概念和思想在日本都能被找到，如太极、阴阳、五行、风水、神仙等。特别是阴阳太极的自然哲学观和道教的一些法术被日本人所接纳，日本人将其与天文历法知识等相结合，创造出了独特的"阴阳道"。日本平安时代的安倍晴明就是著名的阴阳师，他作为国家"公务员"，除了在天文历法方面做出了一些贡献，对日本的政治也产生了影响。

不过，道教经典和道观没有成体系地传入日本，日本也没有出现大规模的道士群体。有学者认为，这是因为日本本土的创世神话和道教中的神仙体系互相冲突，而日本皇室以神权巩固统治地位，因此日本统治阶级阻碍了道教在官方层面的传入。因此，道教在日本的传播始终限于民间层面。

尽管如此，道教文化的传播没有被完全阻断。直到现在，道教的文化因素还影响着日本人的文化生活。除了"阴阳道"，日本的中元节、庚申信仰等就来源于中国道教信仰的风俗。1950年以来，日本也设立了道教学会、道教文化研究会等专门研究道教思想文化的机构。现代的《七龙珠》《鬼灯的冷彻》等日本动漫中掌管"地狱"的阎魔王也是中国民间道教信仰的神仙。道教在日本的影响力虽不及佛教，但也在日本文化史上留下了不可忽视的一笔。

参考资料：
1. 中国道教协会，2020-11-6，http://www.taoist.org.cn.
2.『なぜ今タオイズムなのか』，2020-11-6，http://www.taoism.or.jp/taoism/.
3.『中国から来た日本の風習』，http://tao-academy.jp/japantaoism/japantaoism02.html?_ga=2.166725694.1626254723.1604658253-294144917.1604658253.
4.『タオイズムの歴史』，2020-11-6，http://www.taoism.gr.jp/about/history06.html.
5.『日本の道教について』，2020-11-6，https://spc.jst.go.jp/experiences/change/change_1210.html.

五、室町时代

三弦

三弦是中国的一种传统弹拨乐器。琴箱方圆，两面蒙蛇皮，柄长，有三根弦。关于三弦的起源，尚无定论。出土文物也佐证，三弦乐器在唐代已经很普及。三弦音量大、穿透力强、奔放和柔美并济，是元曲中的主要伴奏乐器之一。现在的京剧、秦腔等剧种中，三弦也都是重要的伴奏乐器。

室町时代，中国乐器三弦传入琉球（中国台湾岛和日本九州岛之间的群岛，曾是中国明王朝的藩属国，现为日本冲绳县），被改良为"三线"。"三线"于16世纪左右传入日本本土后，日本人对其进一步进行改良，将琴箱蒙皮改为猫皮或狗皮，将其称为"三味线"。据传，改良三味线的是盲僧"琵琶法师"，他还发明了日本三味线演奏的一种传统形式——三味线组歌。

三味线作为日本的传统乐器，在日本有着很高的地位，艺术价值也很高。据说，日本江户时代的音乐大多数都是三味线演奏或伴奏的曲目，三味线作为伴奏乐器，被广泛运用在净琉璃（日本传统木偶戏）、歌舞伎等舞台表演音乐、游里等大众娱乐场所的表演音乐、各种传统节日祭典奏乐中。江户后期，出现了"三味线小曲"，这是平民百姓边弹奏三味线边唱歌、自娱自乐的一种大众艺术形式。明治时期，以三味线做伴奏乐器的"俗謠"（日本各地民谣）风靡日本，是三味线音乐全盛时期。

三线、三味线都是日本人继承、改良自中国三弦的乐器。现在，日本很多地区都有当地独特的三（味）线音乐，如曲调清新隽永的冲绳三线现代流行曲《岛歌》《三线之花》，或曲风自由奔放的津轻三味线音乐等，可以说是传统与现代流派各有特色、各放异彩。

参考资料：
1. 牛宝珍. 简论三弦的发展、用途以及作用[J]. 大众文艺，2013(14)：144.
2. 周菁葆. 丝绸之路上的三弦考(上)[J]. 乐器，2017(5)：28-31.
3. 周菁葆. 丝绸之路上的三弦考(下)[J]. 乐器，2017(7)：28-29.
4. 董大年. 现代汉语分类大词典[M]. 上海：上海辞书出版社，2007：899.
5. 『三味線の歴史』，2020-11-17，http://www.okoto.jp/information/shamisen_history/.

六、江户时代

1. 朱子学

理学是两宋时期产生的中国古代哲学流派之一,南宋的朱熹是理学的集大成者,他开创的朱子学不仅影响了中华民族的思想文化,还传播到朝鲜、日本等儒教文化圈的其他国家,对东亚各国的思想文化留下了深远影响。周敦颐、程颢、程颐等人也是朱子学的代表人物。

朱子思想受道教、佛教的影响,一改后汉郑玄以来的、以训诂学为主流的儒学风气,将哲学和伦理实践作为理论中心,因此也被叫作"性理学"。朱子学在1199年通过佛教僧侣俊芿传入日本,并在镰仓时代末期对日本后醍醐天皇的倒幕思想产生了影响,成为建武新政的指导理念。在日本江户幕府时期,由于朱子学注重等级名分,符合统治阶级的利益,自从藤原惺窝的弟子林罗山任"侍讲"(给君王讲学的人)以来,被确立为幕府"正学",成为武士阶级必修的重要科目。后来,日本从明治维新起迈入近代,在文明开化、西学东渐的大浪潮中,包括朱子学在内的儒教思想全面落伍,作为旧社会传统文化遗产被封存。

朱子学对日本思想文化影响深远。当然,朱子学中也有宣扬男尊女卑、极端忠孝，反对人权平等等时代特色造就的糟粕，但它强调道德修养和国家统治的结合，从中可以看到实证精神、理性思考的萌芽，为日本社会通过维新接纳西欧文化做了铺垫。现代日本社会面临着道德不受重视、消费主义盛行等诸多问题，也有一些日本人呼吁人们从朱子学等传统思想中寻找解决社会问题的头绪。

参考资料：

1. 朱子学，2020-10-16，https://kotobank.jp/word/%E6%9C%B1%E5%AD%90%E5%AD%A6-77700.
2. 宋学/朱子学，2020-10-16，https://www.y-history.net/appendix/wh0303-073.html.
3. 『「朱子学とは」成立の歴史から日本への伝播・影響までわかりやすく解説』，2020-10-16，https://liberal-arts-guide.com/cheng-zhu-school/.

2. 鳗鱼节

鳗鱼节，即"土用丑日"（土用の丑の日），是日本的习俗节日，往往在夏秋之交最为炎热的时期，日本人习惯在这一天吃鳗鱼，补充体力，消除"夏困"。其实，"土用丑日"缘于中国的古代历法和五行思想。

中国的阴阳五行思想和天文历法自五六世纪传入日本。中国古代历法中，四季与阴阳五行相对应，其中春为木，夏为火，秋为金，冬为水，象征融合的"土"则藏于四季之中，春、夏、秋、冬各季在交替结束前的18天，即立春、立夏、立秋、立冬每个日子的前面大约18天被称为"土用"。日本的"土用"多指夏天的"土用"，即立秋之前的土用，正值一年之中最热的时节。"丑"是十二地支之一，每十二日出现一个丑日，土用期间地支为丑的日子即为土用丑日。每年土用丑日的日期并不固定，有时一个土用中会存在两个土用丑日。

关于土用丑日吃鳗鱼的起源有多种说法。日本诗集《万叶集》中记载有夏季吃鳗鱼可以预防"夏困"的和歌，因此有人认为夏季吃鳗鱼是日本古代就有的习俗。也有说法认为吃鳗鱼这一习俗源自江户时代日本的博物学者平贺源内。相传平贺源内的朋友的鳗鱼店夏季生意不景气,平贺源内提议将写有"本日、土用の丑の日"(今天是土用丑日)的纸贴在门外,店铺生意突然火爆,其他鳗鱼店也纷纷效仿,于是土用丑日吃鳗鱼就成了习惯。

吃鳗鱼的习惯一直延续至今。每逢土用丑日,日本超市、便利店都会掀起激烈的鳗鱼商战。

3. 冲绳的石狮子

石狮子是中国常见的一种辟邪招福物品，常摆放于宅邸厅堂的大门两旁。中国原本并无狮子这种动物，它是在与西域的贸易往来中传入中国的。《后汉书·西域传》记载，章和元年（公元87年）西域使者进贡狮子。由于狮子凶猛可怖，又是西域传来的佛教神兽，因此中国古人将其视为祥兽，置于门口的石狮子就是用来辟邪招福的。

今天，我们在日本的冲绳县也能看到石狮子。有的像中国的石狮子一样置于大门两旁，有的小型石狮放置于屋顶上，有的则设置于村落周边。这种冲绳石狮正是从中国传到当地去的。冲绳古称琉球国，长期以来附属于中国古代的中央王朝。约13世纪到15世纪之间，石狮子这种辟邪物品传入琉球，可能是经由高丽传入的。修建于13世纪的琉球国英祖王陵和15世纪建造的末吉宫都有类似于石狮子的物品。14世纪末修建的琉球国都城首里城的正殿顶上，还有狮子面装饰，这可能是现在的屋顶石狮的起源。

原本冲绳的石狮子只见于王族的建筑，向民间普及可能要到17世纪。据琉球王朝史书《球阳》记载，1897年琉球国东风平郡富盛村屡遭火灾，风水师蔡应瑞指示村民安置一座石狮子像，此后火灾便不再频发。此后，石狮子作为防灾辟邪用品，广泛用于村落周边和路口。而屋顶放置的小石狮，则是19世纪末普通人家的屋顶被允许使用红瓦之后才普及的，此前普通人家屋顶禁止用红瓦，茅草屋顶无法放置硬质小狮像。

1879年，琉球归日本管辖，成为日本冲绳县。现在到冲绳去旅游参观，还能看到许多古风朴素的村落石狮和冲绳特有的屋顶石狮，它们已经成为冲绳的一道代表性风景线。

参考资料：

1. 琉球王府. 球陽校訂本[M]. 那覇：沖縄書籍，1929.
2. 大城精德. 琉球の屋根獅子[A]. 琉球政府立博物館館報・研究録[C]. 那覇：大城精德，1972：60-76.
3. SHISA編集委員会，シーサーあいらんど[M]. 那覇：沖縄文化社，2003.
4. 末永航. 沖縄と「シーサー」[J]. 文化資源学，2004(3)：41-54.
5. 渡邊欣雄，他. 沖縄民俗辞典[M]. 那覇：吉川弘文館，2008：49-51，236-237.
6. 周星. "风狮爷"、"屋顶狮子"及其它[J]. 民俗研究，2002(1)：106-114.
7. 张淮水. 民间石狮[M]. 北京：中国轻工业出版社，2007.
8. 李芝岗. 中国石狮雕刻艺术[M]. 西安：陕西师范大学出版社，2014.

七、明治时代

1. 三大中华街

世界上很多国家城市都有华人定居。华人在海外是当地的少数族群,面对新环境需要团结互助,倾向于聚集在一个地带,这就形成了所谓的"唐人街"。日本也有大量华人华侨定居,日语中将唐人街称为"中华街"。

日本三大中华街是横滨中华街、神户南京町、长崎新地中华街,其中历史最久的是长崎新地中华街。江户时代初期,日本闭关锁国,只有长崎出岛(在长崎建设的人工岛)是对中国、朝鲜、荷兰等外国进行贸易的开放窗口。在当时的长崎有许多外国人定居,而中国与日本一衣带水,华人的数量更是巨大,最多时占长崎当地人口的一成。1689年,出岛建设了首个华人华侨聚集区"唐人屋敷",聚集区里建有中华式大门、中餐馆、关帝庙、土地庙、观音庙等满足华人华侨生活和精神需求的特色建筑。明治维新以后,"唐人屋敷"被废止,华人华侨就近移居原"新地藏所"(长崎县新地町的仓库),形成了新的长崎新地中华街。

神户和横滨的中华街历史则稍短。1858年,日美通商,次年横滨、长崎、函馆开港,1868年神户开港。横滨、长崎、神户都先后建设了"外国人居留地",供来日的欧美人和华人居住。而且,由于日本长期闭关锁国，在开港初期，欧美人和日本人之间生活习惯差异巨大，交流隔阂很深，而具有客居他乡、漂泊经验丰富的华人华侨作为沟通欧美人和日本人的桥梁，对"外国人居留地"的繁荣稳定做出了贡献。横滨和神户的中华街就起源于这一时期。当时居住于中华街的华人华侨的主要职业有烹饪（菜刀）、理发（剃刀）、裁缝（剪刀），被称为"三把刀"。

现在，"中华街"已经不只是华人华侨聚居地，也成了中华文化在日本集聚、向日本传播的枢纽。今天的各地"中华街"聚集中国各地的美食，既有传统中国菜式，也有为符合日本口味改造过的"中华料理"。每年，神户南京町都会在新年等重要的中华传统节日举办大型活动，现场可以看到京剧、舞狮、变脸、武术等表演项目，品尝到来自中国各地的新老美食，且据笔者观察，前来观摩游玩的大半都是日本国民。日本的中华街是华人华侨的宝贵文化沉淀和漂泊经历的证明，经过时光的洗礼，今天已经成为邻国友好、文化融合的最好见证。

参考资料：

1. 『日本における中華料理店の歴史』，2020-11-19，https://www.cookdoor.jp/chinese-food/dictionary/21202_china_002/.
2. 『日本の中華街はなぜ生まれたのか —— 近代日本の黎明を支えた華僑たち』，2020-11-19，https://www.d3b.jp/npcolumn/4457.
3. 『南京町の歴史』，2020-11-19，https://www.nankinmachi.or.jp/about/history/.
4. 『横浜市・横浜中華街の歴史を知ろう！』，2020-11-19，https://www.yokohamacorp.co.jp/blog/entry-121763/.
5. 『横浜中華街は中華料理街じゃなかった？成り立ちを知ろう！』，2020-11-19，https://www.ko-cho.com/blog/contents/1507-04/.
6. 『長崎新地中華街のご案内』，2020-11-19，http://www.nagasaki-chinatown.com/annai.html.

2. 中华料理店

中国烹饪历史悠久，各地区菜肴品类丰富、流派众多，在世界上享有盛誉。中国风味菜肴在日本也很流行，日语称之为"中华料理"。

（近现代的）中国菜最早于江户时期传入日本。江户时代初期，长崎出岛是对外贸易的开放窗口，有许多外国人定居，其中就包括华人。特别是1689年，出岛建设了首个华人华侨聚集区"唐人屋敷"。当时的华人华侨主要来自福建、广东，在聚集区已有面向华人的中餐馆。后来日本各地也出现了许多唐人街，大多称为"中华街"或"南京街"。

首家面向日本人的"中华料理店"据称是明治元年（1868年）在长崎开张的。1894年，中日甲午战争爆发，旅日华人数量骤减，因此中餐馆中华人顾客大幅减少，日本人顾客开始增加。著名的中华料理店"来来轩"于1910年在东京浅草开张，据传是日本拉面的鼻祖。

直到二战前，日本的"中华料理"主要是粤菜、闽菜和它们的改良菜式。1945年，日本战败，各地陷入粮食危机，而唐人街的中餐馆由于战胜国中国的支撑,得以持续经营。战败后从伪满洲撤退回国的日本人将北京菜带回了日本。60年代,四川籍厨师陈建民在日本电视节目中公开展示了川菜菜谱。1972年中日邦交正常化后,日本又掀起了一股中国菜热潮。1978年中国改革开放后,上海菜系也随着旅日中国人传入日本,粤菜、闽菜、京菜、沪菜就是这样传入日本的。现在,日本各地都有许多中华料理店,广受日本群众喜爱。

不过,在日本的"中华料理店"吃到的"中华料理"可不是正宗的中国菜。为了照顾日本人的口味,中华料理店大多都对菜式经过了改良,各菜式大都偏甜。特别是日本人非常熟悉的"天津饭"(蟹肉蛋盖浇饭)、"蛋黄酱虾仁"以及作为配菜搭配米饭同吃的煎饺,都是在中国传统餐馆见不到的菜式。

参考资料:

1. 『日本と欧米の中華料理年表PART1』,2020-11-19,https://cuisine-kingdom.com/chronology-of-chinese-cuisine1/.
2. 『中華料理と中国料理その違いは?』,2020-11-19,https://www.cookdoor.jp/chinese-food/dictionary/21206_china_006/.
3. 『中華料理は日本発祥?中国では食べられない!?中華料理の歴史と今年の流行とは?』,2020-11-19,https://www.tenpo.biz/tentsu/entry/2020/01/07/100000.

3. 拉面

拉面在日语中读作"ラーメン"(ramen)，最初是由中国传入日本的面食。传统的拉面经过日本人的改良与创造，成为现今具有日本特色的大众面食。

关于日本最初的拉面，流传较广的说法是江户时期，从中国来到日本的儒学家朱舜水给德川光圀（水户藩第二代藩主，也称"水户黄门"）做了一碗"汤面"。2017年，人们发现了关于拉面更古老的记载。据室町时代的史料《阴凉轩日录》记载，1488年，京都的僧侣们食用了一种用碱水做成的"经带面"，这种面被认为是拉面的前身。

拉面在日本广泛普及是在明治时代之后。1859年，日本正式开港，大量外国人和外国的饮食文化涌入日本，中国人在日本开起了中华料理店，中国的面食逐渐被日本人所熟知。1910年，日本商人尾崎贯一从横滨中华街聘请了12名中国厨师，在东京浅草创立了中餐馆"来来轩"。"来来轩"以中华面为招牌，又对中华面进行改良，把日本的传统柴鱼、昆布高汤，混入猪骨或鸡骨熬制成的高汤中，被认为是东京的酱油拉面乃至日式拉面的鼻祖。

1923年关东大地震后,在东京、横滨经营拉面店的人们分散到了日本全国,路边摊拉面大受欢迎。第二次世界大战后,由于物资紧缺,日本各地出现了各种黑市(不合法的市场),便宜又美味的拉面成为大众填饱肚子的选择。

之后,拉面在日本各地开花,口味逐渐多样化,呈现出各地特色。现在,各具特色的拉面已经成为日本各地观光资源的卖点。

4. 中国风红茶传习所

日本的抹茶非常有名,抹茶味蛋糕、抹茶味冰激凌等相关的周边产品也很受中国年轻人喜爱。抹茶起源于中国隋唐的末茶,是一种磨成粉末的绿茶。

明治维新之后,抹茶作为日本对外出口产品之一,受日本政府大力支持。然而放眼全球,除美国外,世界各国人民更偏好红茶。英国人在下午茶时间饮用的就是红茶,而不喜绿茶。

当时,中国风的红茶在英国大受好评。急于改善本国茶叶出口现状的日本政府通过上海领事馆搜集了中国红茶的信息,于1874年编辑发布了《红茶制法书》。日本九州、四国等地多山,自江户时代以来便栽培茶树。1875年,日本政府从中国招募了两名红茶技师,于九州的熊本县山鹿町和大分县大野郡设立了中国风红茶传习所,开始尝试制作红茶。次年,又在熊本县人吉町设立了同样的红茶传习所,但试制成果并不理想。

1877年,高知县试制的红茶在英国公使馆被指茶香不足,而在横滨外国商社却得到了"成色优于中国红茶"的评价。由此,日本第一次出口了3吨的红茶。

1878年起，日本东京、福冈、鹿儿岛、静冈等各地都开设了中国风红茶传习所，正式扩大红茶生产，希望以中国风红茶占据世界市场份额。各地不仅试种中国茶种，还试种印度茶种，探索红茶在日本栽培制作的可能性。1886年，三重县产的红茶已于日本银座有售。此后，美国市场逐渐成长，而美国人嗜好绿茶，因此日本的红茶栽培制作一度衰落。直到第一次世界大战以后，美国人的饮茶嗜好转向红茶，日本的红茶生产才再一次急速恢复，但始终数量不多，且在自由贸易实现后逐渐被进口红茶产品取代。

　　中国风红茶传习所是日本学习吸纳中国优秀文化产品的一次尝试，这次尝试既不成功也未失败。它提醒我们，不考虑国情而一味吸收外国文化，试图全盘接受外来优秀产品以获取本国利益的做法是短视的。文化的吸收交流之规划需要以长远目光来看，这一点值得两国人民深思。

参考资料：

1. 坂本孝義，益田啓三. 人吉の中国風紅茶伝習所の所在地について [J]. 茶業研究報告，2018(126)：37-39.
2. 『第31回　メイド・イン・ジャパンの紅茶はどこへ？』，2020-11-10, http://www.maboroshi-ch.com/old/ata/lif_31.htm.

5. 孙中山

　　1895年甲午战争中国战败后，中日关系格局彻底改变，朝野上下将目光转向日本，积极向日本学习，引进了大量西方现代文明概念，对中国的近代化进程产生了重大影响。中国近代民主革命的伟大先行者孙中山的革命活动就与日本有很深的渊源。

　　孙中山，名文，在日本人们称他孙文。广州起义失败后，流亡海外的孙中山来到日本，结交了大量政界人士。1905年孙中山在位于东京赤坂地区的大仓宅邸成立了中国同盟会，为推翻清朝统治和后续的革命运动奠定了坚实基础。1914年，孙中山在东京组织成立中华革命党，即中国国民党的前身。

　　孙中山在日本结交了众多友人，他们与孙中山肝胆相照，对他的革命事业慷慨施以援手，这其中，就有生于日本长崎的梅屋庄吉先生。梅屋庄吉始终关心中国革命，对孙中山的革命活动慷慨解囊。武昌起义爆发后，梅屋派摄影师奔赴武昌前线，投巨资拍摄了一部纪录片。梅屋毕生从物质和精神两方面对孙中山给予了巨大支持，2011年辛亥革命百年之际，中国向长崎县赠送了孙中山与梅屋庄吉夫妇铜像，最终落户日本长崎公园。

孙中山还曾到访过兵库县神户市。在当地明石海峡大桥一侧，有一座孙文纪念馆，前身为在神户的中国实业家吴锦堂的别墅内的移情阁，1913年孙中山访问神户时，当地华侨曾在此举办欢迎会，1984年翻修后作为"孙文纪念馆"向公众开放。目前由公益财团法人"孙中山纪念会"运营管理这座纪念馆，该财团下还设有孙文研究会，搜集调查孙中山及中日关系的资料，进行学术研究。

八、大正时代

1. 包子

包子是中国的传统食物,具有悠久的历史。包子最早源于北朝胡人带来中原的"面饼"或"蒸饼",这是一种蒸熟的无馅发酵面点。据《事物纪原》记载的传说,三国时诸葛亮用包馅的"饼"来代替南蛮人头祭祀神灵,叫作"蛮头",后来变为"馒头"。由于这种"馒头"是包着馅的,所以宋代人冠以"包子"之名,不过直到清朝以后人们才完全舍弃"馒头"这个名称。

与中国的其他很多传统文化一样,包子也传到了邻国日本。相传元朝禅宗高僧林净因把包子带到了日本奈良。由于中国佛教禁食肉类,所以当时传去的是红豆馅的包子,不过日语里保留了"馒头"这个老名字。后来日本人把所有豆沙馅的日式点心都叫作"馒头"。

江户时代,日本出现了华人华侨聚集的唐人街,当时唐人街上的饭馆中已有肉馅包子出售,不过仅在华人华侨生活圈内流行。1915年,神户南京町(唐人街)的"老祥记"对自家的天津包子进行口味调整,用酱油代替香料,推出了"豚馒头"(猪肉包子)这一符合日本人口味的改良品,成为日本大众和中国风味肉包子的首次相遇。1927年，日本食品制造商"中村屋"面向日本人推出了经过改良的口味清淡的猪肉馅包子"天下一品馒头"（日本战败后改称"中华馒头"），这种热气腾腾的蒸制食物很快风靡日本。现在，日本关西地区把肉包子称为"豚馒"（猪肉包），关东地区则称为"肉馒"（肉包子），正是分别来自这两个源头。

  现在，肉包子已经成为"中华料理"的一种代表食物。无论是罗森还是7-Eleven，各家便利店都随时出售热腾腾的肉包子，忙碌的白领族们会在通勤时间买上一份来填饱肚子；横滨、神户等人气旅游地点更是进驻了多家中国式点心店，游客们为了买上一个肉包子常常排起长龙。日本的食品制造商们更是发挥日本人"开脑洞"的特长，推出了咖喱包子、比萨包子等各种新花样。小小的一个包子，在东渡日本的过程中，既催生了日式点心的一个品类，自身也产生了各种各样的变种，这就是饮食文化传播的魅力。

参考资料：
1. 倪方六. 馒头、大饼及包子的历史[J]. 百科知识，2014(16)：53–54.
2. 《古人吃的是什么包子？古代的包子的演变》，2020-12-13，http://www.qulishi.com/news/201509/47446.html.
3. 『豚まんの歴史』，2020-12-13，https://www.butaman-shop.com/page/13.
4. 『変り種が豊富！日本の中華まん！』，2020-12-13，https://www.cookdoor.jp/chinese-food/dictionary/21236_china_036/.

2. 鲁迅

鲁迅是中国的文学家、思想家、革命家、翻译家,是中国现代文学的奠基人之一。鲁迅的作品对社会的批判尖刻犀利,揭示了中国社会长久以来积累的弊病,其中《少年闰土》《孔乙己》等作品长期以来入选中国语文教材课文,在中国家喻户晓。但是,鲁迅的影响范围远远不止于中国,而且远及日本、韩国等国家。

与鲁迅打过交道的日本人中,要数"藤野先生"最广为人知。"藤野先生"即藤野严九郎,是鲁迅于仙台医学专门学校留学时的解剖学老师,是一个严厉认真又和蔼可亲的人。鲁迅的散文《藤野先生》就对藤野严九郎先生表达了深切的怀念之情。现在日本芦原市,还建有"藤野严九郎纪念馆",是在1983年藤野家族后代为纪念芦原町和中国浙江省绍兴市结为友好城市而捐赠的旧居的基础上,在第二年改建而成。

鲁迅对日本文学产生了深远的影响。鲁迅犀利的语言和深刻的思想,影响了太宰治、松本清张、大江健三郎、村上春树等一大批日本著名作家,这些作家或多或少地模仿、继承了鲁迅的写作风格和思想。例如,诺贝尔文学奖获得者、日本著名作家大江健三郎称他受母亲的影响在年少时就读到了鲁迅和郁达夫的作品，并"一生都在思考鲁迅"，认为"包括日本在内，20世纪没有比鲁迅更伟大的作家"，其作品也吸收了鲁迅作品的一些特点。

鲁迅的作品是当时反对封建文化的一面旗帜，其中多篇小说、散文、杂文入选中国小学到高中的语文教材。其实，在日本的义务教育教材中，也能看到鲁迅的作品。1953年，日本教育出版社出版的国语教科书中首次收录鲁迅的《故乡》，到2018年，5个主流版本的国语教材都将《故乡》选为中学三年级的课文。这是日本义务教育国语课文中除了汉诗文以外唯一的一篇中国近代文学作品，并延续了将近70年。虽然两国教材对课文细节的讲解稍有出入，但日本人对这篇课文中体现出的反封建革命思想的理解并不亚于中国人。

日本在战后60年间，有关于鲁迅的传记和研究著作几乎平均每年都出版1本。鲁迅的思想不仅对中国的革命和历史产生了重要作用，也影响了日本文学、日本学术乃至日本的现代思想。可以说，鲁迅的作品是中日两国共享的宝贵思想资源，是沟通两国文化友好交流的桥梁。

参考资料：

1. 『鲁迅と藤野厳九郎について』，2020-10-10，https://www.pref.fukui.lg.jp/doc/kokusai/rojintogenkuro.html.
2. 『藤野厳九郎記念館』，2020-10-10，http://www.manabi.pref.fukui.jp/manabi/shisetsu/13237.html.
3. 『大江健三郎：我一生都在思考鲁迅』，2020-10-10，http://www.zgnfys.com/m/a/nfwx-58506.shtml.
4. 『「故郷」（鲁迅、竹内好訳）中学・国語の授業案~人間関係の変化を時代や社会と関連づけて考える~』，2020-10-10，https://edupedia-for-student.jp/article/5b6b8cb8f

85ef30bf5b11be8.

5. 下地慎栄.現代日本文学における魯迅の影響への一考察：魯迅『祝福』と山田宗樹『嫌われ松子の一生』の比較を中心に[J].東京大学中国語中国文学研究室紀要，2013(16)：54-83.
6. 霍士富.大江健三郎と魯迅 ——『取り替え子』と『薬』をめぐって[J].論究日本文学，2003(78)：41-56.
7. 范文玲.魯迅『故郷』と中学国語教育[J].東京学芸大学国語教育学会研究紀要，2018(14)：1-11.
8. 赵京华.活在日本的鲁迅[J].读书，2011(9)：5-14.

3. 梅兰芳

梅兰芳先生是最早把京剧介绍到国外的京剧表演艺术家,梅先生一生三赴日本,书写了一段中日两国的梨园佳话。

梅兰芳先生的前两次访日是在民国初期的1919年和1924年。1919年,在日本东京帝国剧场会长大仓喜八郎的邀请下,梅兰芳首次赴日本公演。很多日本观众此前没有接触过京剧艺术,但在看过梅兰芳的表演后,都倾倒于中国国粹的魅力。

1923年,日本发生关东大地震。梅兰芳得知后在北京举办了几场义演,把全部收入捐出帮助日本震后重建。1924年,梅兰芳受东京帝国剧场特邀,再次率团东渡日本演出,形成了万人空巷的盛况。此次访日,梅兰芳走过东京、大阪、京都等地,出演了《贵妃醉酒》《洛神》《奇双会》等剧目。日本运用当时问世未久的摄影技术拍摄了梅兰芳的京剧电影,留下了梅兰芳先生的宝贵声像资料。

遗憾的是,后来日本发动侵华战争。为此梅兰芳先生蓄须明志,断绝了与日本的交流。

新中国成立后,作为歌舞伎访华的回访,1956年夏天,62岁的梅兰芳率领百余人的京剧团再次赴日公演,受到日本各界的热烈欢迎。京剧团在日本各地演出30余场,观众达7万多人。梅兰芳先生在《东游记》中写道:"这是中日两国文化交流上一件大事,也是我三度访日中最值得纪念的一次。"

梅兰芳先生一生三度赴日,将中国的传统戏剧艺术传播到日本,也与日本传统戏剧歌舞伎结缘,促进了中日传统戏剧的交流,为中日文化交流做出了重要贡献。

参考资料:

1. 梅兰芳.东游记[M].北京:中国戏剧出版社,1957.
2. 『京劇と歌舞伎　梅蘭芳父子と日本』,http://japanese.china.org.cn/jp/archive/zryhhj/node_2185469.html.
3. 梅兰芳纪念馆,http://www.meilanfang.com.cn/.

九、昭和时代

1.《西游记》和孙悟空

《西游记》是中国四大古典名著之一、明代四大奇书之一、六大古典小说之一，它塑造了中国人都非常熟悉的"孙悟空"这一经典文学形象。书中的孙悟空是由仙石孕育而生的花果山"美猴王"，它本领高超，是大闹天宫的"齐天大圣"和降妖除魔的"斗战胜佛"。他疾恶如仇、忠诚勇敢、机智活泼的性格深受中国人喜爱，1982年电视剧《西游记》也家喻户晓。

与许多中国古典文学作品一样，《西游记》也传到了日本。据日本学者考证，最早传入日本的《西游记》版本是1696年初刻的《西游真诠》。18世纪时，《通俗西游记》和《绘本西游全传》两种抄本也传到了日本。《西游记》对日本的文学文化产生了重大的影响，催生了一批改编自西游故事或仿照《西游记》体裁的作品。《西游记》中孙悟空这一机智勇敢、惩恶扬善、敢于斗争的形象也富有教育意义，为日本人所喜爱。从19世纪末年一直到今天，日本出版了大量以孙悟空为主角、以儿童为读者对象的节选《西游记》故事书或绘本。

不过，现在日本讲到"孙悟空"，年轻人想起的可能并不是我们所熟知的西天取经的"孙行者",而是1984年日本动漫《龙珠》中的角色。《龙珠》中的"孙悟空"这一动漫角色在设定上是外星人,它借鉴了西游故事中的孙悟空形象,而且继承了西游故事中孙悟空活泼、善良、单纯的性格,也会乘筋斗云,也通过各种磨炼不断成长、拯救世界。这部作品在日本、中国乃至全世界都非常受欢迎,"赛亚人"孙悟空的形象也在一代青少年心中扎根。可以说,这一角色是对中国古典文学形象的一次成功改造。

参考资料:

1. 阮毅.日本人と『西遊記』[J].日本語日本文学,2013(23):29-46.
2. 房瑞祥.日中における「孫悟空」の図像イメージ~『西遊記之大聖帰来』と『ドラゴンボール』の事例~[J].崇城大学芸術学部研究紀要,2017(10):131-132.
3. 井上浩一.日本における子ども向け『西遊記』について-挿話選択の傾向と方法[J].国際文化研究,2013(19):1-16.

2. 麻将

麻将是中国的一种传统休闲游戏，在中国粤闽地区也称作"麻雀"。麻将属于"博戏"，也就是以策略和运气赌输赢的游戏，具有一定的赌博色彩。但它与单纯的赌博不一样，需要运用一定的策略决定胜负，首要目的在于娱乐而不是博取钱财。中国唐宋时期便已有"叶子戏"这种博戏，而麻将则应起源于明末。麻将的起源在学界暂无定论，有说是起源于江苏的"护粮牌"，有说是来源于当时盛行的"马吊牌"，还有说是宁波人"万饼条"发明的。据宁波天一阁·月湖景区内的麻将起源地陈列馆介绍，麻将发明者是宁波人陈政钥。不管怎样，中国麻将经过不断改良和迭代发展，已经成为一项规则复杂、考验策略的智力娱乐活动。

1909年，日本的英语教师名川彦作来华，从中国四川带了一副麻将回国。当时的麻将是象牙制作，价格高昂。名川把麻将介绍给同校师生，跟他们一起打麻将娱乐。同年，夏目漱石在日本《朝日新闻》上发表了一篇游记，介绍了中国的"颇为雅致"的麻将牌。经有旅华经验的日本人介绍，麻将在日本渐渐普及。1923年关东大地震之后，日本开始正式引进麻将，迎来第一波麻将热潮，设立了许多麻将馆,成立了麻将联盟。

最初,日本麻将游戏的规则完全照搬中国麻将,但从大正(公元1912年—公元1926年)到昭和时期,日本人逐渐发明出了一套日式麻将游戏规则。第二次世界大战后,日式麻将产生了以立直(リーチ)、宝牌(或译龙牌,ドラ)、振听(振り聴)、放炮一家包(放銃者一人払い)等为特色的日式游戏规则。

日本的第二波麻将热潮于1969年开始。那一年,《周刊大众》开始连载阿佐田哲也的《麻雀放浪记》,同时日本的著名电视节目"11PM"开始播放麻将游戏场面,掀起了麻将在日本的第二次普及浪潮。此后,日本还出现了女性麻将专业,与麻将有关的漫画、游戏厅、网络游戏也不断出现,直到今天仍然拥有一大批忠实粉丝。可以说,麻将在今天的日本,甚至是整个东亚、东南亚已经形成了独特的文化圈,孕育了丰富的文化内涵。

参考资料:

1. 宁波天一阁麻将博物馆,2020-11-30,https://www.meipian.cn/1r6wvu3c.
2. 『日本の麻雀の変遷』,2020-11-30,https://www.egl-labs.com/uturikawari.html.
3. 『日本麻雀の成立』,2020-11-30,https://www.h-eba.com/heba/majan/japan.html.

3. 乒乓球

乒乓球是世界流行的球类体育项目，由于对场地要求不高，简便易行，在中国有广泛的群众基础，被称为中国的"国球"。在日本，乒乓球也是深受国民热爱的运动之一。中日两国之间乒乓球的交流历史渊源深厚，"乒乓外交"对推动两国关系发展发挥了重要的作用。

中日邦交正常化尚未实现的1956年，中国乒乓球运动员首次踏上日本，参加在东京举办的第23届世界乒乓球锦标赛，这也是中国乒乓球队首次走上国际舞台。这次比赛后，中日两国乒乓球运动员结下了友谊，两国民间体育交流也从此拉开序幕。

1971年，中国乒乓球队参加在日本名古屋举行的第31届世乒赛时，邀请美国乒乓球队访华，诞生了著名的"小球推动大球"的"乒乓外交"。其实，当时中国因许多外交和内政问题而未能参赛。在周恩来总理和日本乒乓球协会会长后藤钾二先生的共同努力下，中日双方在北京进行会谈，日本同意遵守发展中日关系的"政治三原则"，签署了会谈纪要，这才促成了中国代表队的参赛。

21世纪以来，中国乒乓球队屡创辉煌，长年占据乒坛霸主地位。日本媒体给中国乒乓球运动员起了许多有趣的外号，如"最强女王"张怡宁、"帝国破坏龙"马龙等。另一方面，日本乒乓球新星不断出现，在给中国乒乓球带来一定紧迫感的同时，也提升了乒乓球运动在日本社会中的人气度。

赛场上，中日乒乓球队激烈交锋，在竞争与交流中共同成长。在民间，乒乓球友好交流日渐密切，成为拉近两国民众感情的重要纽带。

参考资料：

1. 《老队员重访中国　日本再推"乒乓外交"》，http://www.cctv.com/news/world/20060326/100165.shtml.
2. 《宋中：中美"乒乓外交"的重要使者》，http://www.chinanews.com/cul/2011/08-23/3277667.shtml.
3. 『日本から見た、中国卓球チームは一体どれだけ強いのか』，http://j.people.com.cn/n3/2016/0816/c94473-9100488.html.
4. 《第一届"茅台杯"中日国际乒乓球交流赛在日本举行》，http://japan.people.com.cn/n1/2018/0402/c35421-29902976.html.

4. 太极拳

太极拳是中国的传统拳术，融合了中国哲学中的阴阳五行和中医的经络学，不仅在中国有广泛的群众基础，在国外也广受欢迎。日本是中国海外太极拳最为流行的国家。太极拳在中日友好交流中发挥着重要的作用。

1972年中日邦交正常化，以此为契机，许多太极拳老师从中国到达日本，在日本全国开课。其中最著名的当数"日本太极拳之父"杨名时先生。杨名时出生于中国陕西省，京都大学法学部毕业，以八段锦和太极拳为基础，在日本创立了杨名时太极拳。

太极拳作为一种养生保健方法在日本生根，其养生、复健效果也受到了日本医学界关注。因为没有剧烈运动、不限专门场地等，太极拳以老年人为中心迅速普及起来。公益社团法人日本武术太极拳联盟表示，截至2019年，日本的太极拳爱好者超过150万人，尤其是在老年女性当中深受欢迎。

可以说，中日太极拳交流是伴随着中日邦交正常化逐步发展起来的，见证了两国友好关系的发展。

早在1959年，周恩来总理在北京体育学院会见日本客人松村谦三时说，太极拳不仅是中国的一项优秀传统文化，也是一项很好的健身运动，可以强身健体、陶冶情操，是一种美的享受，还可以给人们的生活带来无限情趣和幸福，使人延年益寿。

1978年日本国会议员代表团访问中国时，担任代表团团长的众议院副议长三宅正一爱好太极拳，于是邓小平挥笔写下"太极拳好"。

此后的几年里，日本更是迎来了太极拳热潮。1984年，第一届日本太极拳武术表演大会在大阪举行。中日友好协会各组织创办的太极拳教室、个人爱好者纷纷参会，以这次会议集结的组织为中心，1987年日本武术太极拳联盟正式成立。

近年来，各种太极拳友好交流活动更为密切，太极拳表演时常出现在纪念中日友好关系发展的重要活动中。中日之间的太极拳交流活动促进了两国友好关系的发展，在中日文化体育交流上具有重大意义。太极拳已经成为中国文化的一种符号象征，也是促进中日文化交流的重要桥梁和纽带。

参考资料：

1. 山本賢二. メディアとしての太極拳[J] ジャーナリズム & メディア：新聞学研究所紀要，2019(13)：253-295.
2. 日本武術太極拳連盟，https://www.jwtf.or.jp.

5. 中医药在日本的复兴

中国传统医学和中药早在5—6世纪时就借由朝鲜半岛开始传入日本，经过日本人的积极引入和改造，逐渐发展成了适合日本自然环境和日本人体质的独特的传统医学体系。日本现存最早的医学书籍《医心方》（984年）就是自平安时代模仿中国传统医学典籍编写而成的。后来日本还出现了后世方派、古方派等传统医学的各种流派。然而，明治时期，日本将目光转向西方，积极学习、引入以荷兰为代表的西方国家的医学，中医药在日本逐渐衰退落寞，一度濒临灭绝。

明治末年，日本西医医师和田启十郎为了挽救濒临灭绝的中医药，于1910年出版了《医界之铁椎》一书，宣扬中医药的有效性和重要性。受其启发，汤本求真于1927年出版了《皇汉医学》一书，书中将《伤寒杂病论》和《金匮要略》等中国传统医学书籍与现代医学理论结合，是第一本以现代日文讲解中医药的医学书。以此为契机，从昭和时期起，日本人开始重新关注中医药。1950年，日本东洋医学会成立。1957年，日本于东京建立了首个"医疗法人汉方诊疗设施"（中医诊所）。1975年，日本厚生省药物局监修的《一般用汉方处方手册》发行。进入平成时代（公元1989年—公元2019年），中医药被收入医学、药学课程标准，日本东洋医学会医师也得到了专业认证。可以说，现在日本的中医药已经复兴，如西方现代医药一样，成为标准化、系统化的医药体系。

现在，为了区别在中国自古传承的中医药和传入日本、经过本土化的传统医药，日本人把后者称为"汉方医""汉方药"。现在日本各大药店出售的"汉方药"大多是针对特定疾病的、标准化加工的中药制品，类似我国的"中成药"，如"龙角散"（化痰止咳）、"小柴胡汤"（主治肝肺胃炎）等。而陈皮、人参、附子、地黄等中国人熟知的中草药被称为"生药"。虽然有人称"汉方医"和"汉方药"为"日本独自的传统医药"，但没有中国传统医学，就没有日本的"汉方"，也不会有今天中医药在日本的复兴普及。

参考资料：

1. 『「日本漢方」のお話』. 2020-11-4, http://aeam.umin.ac.jp/siryouko/yamadakouin.html.
2. 『Q4漢方薬（かんぽうやく）とは、どういうものですか』. 2020-11-4, http://www.jpma.or.jp/medicine/med_qa/info_qa55/q04.html.
3. 『漢方の歴史』. 2020-11-4, https://www.tsumura.co.jp/kampo/history/.
4. 山田光胤. 日本漢方医学の伝承と系譜[J]. 日本東洋医学雑誌, 1996, 46(4): 505-518.

6. 敦煌

敦煌是丝绸之路的重要节点城市，以"敦煌石窟""敦煌壁画"闻名天下。1900年6月22日，敦煌莫高窟下寺道士王圆箓于无意间发现了藏经洞（即今第17窟），从中出土了大量佛教经卷等珍贵文物。从此，一门国际性学科——敦煌学诞生了。日本是最早参与敦煌研究的国家之一。作为丝绸之路上的明珠，敦煌能够让日本人重新找到很多日本文化与艺术的源流。长久以来，日本人都对敦煌有一种朝圣的心态。

以敦煌书卷中的题跋为灵感，日本著名作家井上靖创作了小说《敦煌》和《楼兰》，小说出版之后风靡整个日本，无数人踏上去往敦煌的漫长征程。1960年《敦煌》《楼兰》同获文学大奖。1988年，小说《敦煌》被改编成电影，获得了"第12届日本电影学院奖最佳影片"等多个奖项。

1980年，日本广播协会（NHK）和中国中央电视台联合制作了一部纪录片——《丝绸之路》，共30集，探索了丝绸之路的壮丽景观、历险故事、丝文化艺术及沿途人民生活状况。纪录片大获成功。2005年，NHK又拍摄了"新丝绸之路"系列。

2020年12月，敦煌当选2021年"东亚文化之都"[1]。敦煌之于东亚的文化意义，犹如古希腊之于欧洲。1988年日本前首相竹下登在访问敦煌时曾感叹道："中国是日本文化的源头，是日本人的精神故乡。"日本人对敦煌的追寻其实是对自身文化源头的追溯。

参考资料：

1.《我去了那个日本人崇尚的敦煌》，https://www.keguanjp.com/kgjp_jiaoliu/kgjp_jl_wenhua/pt20181017060003.html.
2.《敦煌在中国，敦煌学在日本？》，https://www.163.com/dy/article/F00BJFGN052186CP.html.

---

1. "东亚文化之都"评选是中日韩三国共同发起的多边性文化活动，每年在中日韩三国分别选出1个城市，通过选出的3个城市共同举办当代艺术及传统文化系列活动来加深相互理解。

7. 兵马俑

中国的兵马俑被誉为20世纪最伟大的考古发现,自1974年面世以来,便引起了国际社会的高度关注。

秦始皇不仅是中国历史上的重要人物,对日本来说也意义非凡。中国的秦朝及汉朝大致对应日本的弥生时期,中日两国至今仍流传着徐福东渡为日本带去稻谷和先进技术的佳话。或许正因如此,秦始皇和他的"地下军队"才如此令日本人着迷。

1976年3月至8月,兵马俑跟随"中华人民共和国古代青铜器展览"首次走出国门,来到日本东京、京都展出。在5个月的展期中,观众超过了40万。兵马俑从此踏上了环游世界、传播中华文明的征程。

1983年,应大阪21世纪协会的邀请,为庆祝大阪城建城400周年,中国再次借兵马俑到日本展出。自展览开始以来盛况空前,有120多万人次观看了展览。

1994年,"秦始皇帝文物展"在日本开幕,历时接近1年,在东京、名古屋、神户、福冈、松山、札幌多地展出,展出了兵马俑、青铜器、货币等120余件。

2015年，为进一步传播中华文化和推动中日文化交流，经过4年筹备，兵马俑随"秦始皇和大兵马俑"展览再次来到日本，在东京国立博物馆、九州国立博物馆及大阪国立国际美术馆进行为期1年的展出。展览在各地均引起热烈反响。其中仅首站东京国立博物馆的参观人数就超过了48万，参观人数在2016年度日本博物馆展览中位列第4。

参考资料：

1. 『特別展「始皇帝と大兵馬俑」』, https://www.tnm.jp/modules/r_free_page/index.php?id=1732#top.
2. 《秦始皇兵马俑将赴日本展览为期一年》, http://news.sina.com.cn/c/2015-03-09/102031586346.shtml.

8. 大熊猫

大熊猫是中国的国宝,身体圆滚滚的,憨态可掬,受到全世界人们的喜爱,日本人对熊猫的热爱更近乎狂热。

1972年9月,日本首相田中角荣访华,中日两国签署共同声明,为纪念中日邦交正常化,中国政府向日本无偿赠送了一对大熊猫——康康和兰兰。康康和兰兰在东京的上野动物园安家落户,两位和平使者的到来在日本掀起了空前的热潮——参观开放首日,上野排起了两公里的长队。等待几个小时,只为看上几十秒。熊猫热潮为日本带来了巨大的经济效益,凡是和熊猫沾边的周边玩具、食品都十分畅销。

日本有很多品牌广告商标也选择熊猫形象。全球十大食品企业之一的"味之素"(Ajinomoto)在2005年推出的新商品包装上使用了熊猫形象,可爱的熊猫形象大受好评,后来味之素将熊猫作为企业形象吉祥物,命名为"Aji Panda"。

2017年6月12日,上野动物园中诞生了一只熊猫宝宝,日本再次迎来熊猫热潮。东京都知事小池百合子面向全日本发起了熊猫宝宝征名活动,最终从32万份投稿中选出了"香香"这个名字。

由于参观人数太多,园方采取了预约抽选制,开放参观的首个周末的抽选倍率达到了144倍。因香香的到来,上野动物园人气高涨,2017年度的入园人数自香香的父母"力力"和"真真"(日文名字)在2011年度向普通民众开放参观以来再次超过400万人次。从香香的出生到1岁、2岁、3岁生日,上野动物园周边总会掀起"熊猫商战",商家纷纷推出熊猫纪念商品、特别套餐。

据日本关西大学名誉教授宫本胜浩教授估算,因香香的到来,三年内共计产生了539亿日元(约合人民币34.6亿元)的经济效益。

目前,日本是全球除中国外饲养熊猫第二多的国家。憨态可掬的熊猫是许多日本人童年时的美好记忆,更是传递着和平友好的使者。

参考资料:

1.《为什么日本大众如此喜欢熊猫?》,https://www.keguanjp.com/kgjp_jiaoliu/kgjp_jl_wenhua/pt20190215060003.html.

9. 四川料理

　　川菜是中国传统四大菜系之一，口味丰富，以鲜香麻辣著称，麻婆豆腐、宫保鸡丁、口水鸡等代表菜品深受国人喜爱。在众多中华料理中，日本人对四川料理有特殊的喜爱。

　　在近代史上，深处内陆的四川与日本并无渊源，将川菜带到日本的是被称为"四川料理之父"的陈建民。陈建民1919年生于四川省自贡市一个农民家庭，1952年在朋友的邀请下来到日本。1958年，陈建民在东京赤坂创办了"四川饭店"。为迎合日本人清淡的口味，陈建民对川菜进行改良。此外，陈建民还在日本广播协会的节目中展示川菜的做法，自此川菜逐渐在日本普及，进入百姓家庭。其中，改良为甜辣口味的麻婆豆腐最受日本人欢迎。

　　1971年，丸美屋食品工业公司开发出麻婆豆腐调味料包，在业界引发了"麻辣"热潮。现在日本的超市中，写有"麻婆豆腐""麻婆茄子"的调味料层出不穷，"麻辣"已经成为日本人的家常口味。

　　几十年来，四川料理在日本依旧人气不减。陈建民的儿子陈建一早已在电视荧幕上成了日本家喻户晓的"中华料理铁人"，四川料理店在日本遍地开花，对四川料理深有研究的日本人中川正道在日本创办了"麻辣联盟",四川美食节每年吸引数万人参加。2018年,"マー活"(意为品尝麻辣风味,吃四川料理)成为流行语。美食无国界,鲜香麻辣的四川风味给日本人带来了新鲜的味觉体验,征服了日本人的味蕾。

参考资料:

1.《日本人为什么这么爱川菜》,https://www.sohu.com/a/425315998_157309.

10. 杏露酒

杏露酒，日语为"シンルチュウ"，是一种用杏子酿造而成的果实酒。仅听名字，许多日本人会认为这是一种中国由来的酒，但其实杏露酒是日本人自创的"中国酒"。

杏露酒是将日本产的杏子浸入中国酒中制成的果实酒，口感微微黏稠，杏子果香浓郁，口味偏甜，易入口，十分符合日本人的口味。

最早的杏露酒源自麒麟集团旗下的永昌源公司。永昌源，原名为"櫛引酒造株式会社"，是日本侵占中国东北期间在伪满洲国经营造酒厂的日本人回国后创立的公司，运用在中国当地学习的酿酒技术，面向日本国内生产中国酒。1950年更名为"関東醸造株式会社"，生产烧酒、药酒等酒类。然而由于战后日本物资匮乏及资金短缺，加之销售渠道少，销量始终不佳。1956年，该公司停止生产烧酒，专门生产中国酒。1966年，更名为"永昌源"，塑造公司专注于生产中国酒的形象。1968年，永昌源推出了杏露酒。起初，永昌源曾考虑过推出日本家庭更为熟知的梅酒，但是为了突出中国酒的特色，最终选定了原产自中国的杏子，商品名定为"杏露酒"，从商品命名到外包装都充满中国特色。

1969年杏露酒推出之时正值日本的中华料理热潮，永昌源提出的"吃中华料理要配中国酒"的宣传理念得到了许多中华料理店的认可，消费者也将杏露酒看作正宗的中国酒。杏露酒自推出以来大受欢迎，目前还诞生了蓝莓酒、山楂酒等系列产品，"中国酒"的魅力不容小觑。

11. 乌龙茶

中国茶与日本的渊源可以追溯到唐朝，茶叶随着佛教传入日本，后来在日本自成一体形成了茶道。乌龙茶随近代贸易往来传入日本，至今深受日本人喜爱。

20世纪五六十年代，碳酸饮料、罐装咖啡等罐装饮料问世，之后的70年代，快餐、便利店、自动售卖机逐渐普及，食物不断多样化。吃过烤肉、天妇罗、可乐饼这些充满"罪恶感"的油腻食物，喝上一杯甘中带涩的乌龙茶，的确给人一种可以立刻去除油腻的感觉。然而现代社会的快节奏让人已经少有时间坐下来泡一壶茶，茶叶市场日渐缩水。商家们瞄准这一商机，着手对茶饮料的研发。1979年，伊藤园率先与中国土产畜产进出口总公司合作，生产出世界上最早的罐装乌龙茶饮料，开始在日本销售，拉开了日本无糖茶饮料历史的序幕。

说起乌龙茶不得不提三得利。三得利是世界第三大饮料公司，于1981年开始在中国福建采茶并销售乌龙茶饮料。三得利乌龙茶的成功离不开其精准的商品定位和宣传。像当年茶叶作为药传入日本一样，来自中国的乌龙茶也具有一层神秘的色彩。商家敏锐地抓住这一特点，大力宣传乌龙茶的减肥、保健功效。另一方面，抱着对乌龙茶的源头和产品属性的尊重，三得利把着力点转移到"中国茶文化"的绘制上。从1984年起，三得利开始在中国拍摄广告，深度挖掘中国文化，通过自然、质朴、广阔、深远的广告意境，直观且深入人心地塑造了中国茶形象，为消费者打开了一扇乌龙茶背后中国文化的窗户。

参考资料：

1.『お茶の歴史』，http://www.ocha.tv/history/japanese_tea_history/drink/.

12. 港式"饮茶"

喝早茶是粤港地区人民的一种独特的生活方式,能追溯到咸丰同治年间佛山居民们在"一厘馆""二厘馆"里的"茶话"。老街坊们大清早不约而同地上茶楼去,一边喝喝茶吃吃茶点,一边谈天说地。退休清闲的爷爷奶奶们带着不上学的小孩,一坐就是一天,早茶从早上喝到了晚上。喝早茶不光喝茶,还要吃各式各样的广式或港式点心,比如虾饺、烧卖、汤圆、炒粉、凤爪、糯米鸡、鱼蓉粥、叉烧包等。粤语把喝早茶叫作"叹茶","叹"就是"享受"的意思,可见喝早茶这种生活方式甚是惬意。

早茶文化在第二次世界大战之前就传入了日本。在此之前,传入日本的主要是烧卖、虾饺等广式点心,是通过中华街、南京街等华人华侨聚居地向日本民间传播的,但当时日本人还没有接触到去茶楼饮茶用点心的粤港式生活方式。特别是烧卖这种典型的港式点心,到20世纪20年代,已经在日本大众中普及开来,成为家常菜肴。

直到20世纪70年代,日本大众才真正接触到了粤港式早茶文化。这一时期是日本的香港文化流行时期,特别是李小龙的功夫电影成为这一代日本人的深刻记忆。随着赴港旅游人数增加,日本人逐渐了解到香港地区的早茶文化,他们按照粤语发音,把这种生活方式叫作"yamucha"(饮茶)。1977年,香港翠园酒家在东京开了第一家茶楼,成为最早打开日本市场的香港酒家。1978年,日本神户也开设了第一家在日华侨经营的港式茶餐厅。到20世纪90年代,港式粤式茶餐厅在日本遍地开花,越来越多的日本人享受到茶楼去喝茶聊天吃点心。同时,速冻食品工艺的发展,也使粤港式茶点能够飞入日本的寻常百姓家,日本大众在家里也能够轻松"饮茶"。"饮茶"的知名度在日本之高,从动漫产业中就可见一斑——日本昭和年间漫画和动画作品《龙珠》中的雅木茶、普尔两个角色的名字,就是来源于"饮茶"和"普洱"。来自广式港式早茶的"饮茶"成为中国南粤饮食文化,甚至是中国饮食文化在日本的一个突出代表。

参考资料:

1. 《这才是港式早茶的正确打开方式》,2020-12-14,https://www.sohu.com/a/344533928_241317.
2. 《这些消失的广式老茶楼还能回来吗》,2020-12-14,https://www.sohu.com/a/303103193_115354?_f=index_pagerecom_1.
3. 吴伟明,合田美穗.日本における飲茶の現地化に関する研究:横浜中華街と神戸南京町の中華料理店を中心として[J].日中社会学研究,2016(24):111-123.

13. 李小龙

　　李小龙于1940年出生于美国加州，是世界知名的华人功夫电影明星。他早年拜师佛山咏春拳宗师叶问，其银幕表演中华丽强劲的一招一式都是真功夫。他在短暂的一生中，通过《唐山大兄》《猛龙过江》《精武门》《龙争虎斗》等几部精彩绝伦的功夫电影让中国功夫扬名全球。媒体曾评价他是"一代武术宗师和功夫电影的开创者""为华人功夫片赢得了一席之地，并由此打开了一扇了解华人的窗口"。他作为中国功夫文化向海外文化市场进军的代表人物，在世界各国都引发了巨大轰动，曾被《时代》列入"20世纪英雄与偶像人物"名单，也曾被选为"中国电影百年百位优秀演员"之一。

　　李小龙作为"功夫电影的开创者"，在日本也曾风靡一时。在那个互联网仍未普及的时代，李小龙电影流行的盛况没能够留下翔实的记录，但对于生活在当时的日本人来说，李小龙成了他们脑海中不可磨灭的记忆。

　　日本JUGEM博客网站上，"原酒店的随性博客"的博主谈起1974年初作为正月档电影在日本上映的《龙争虎斗》时这样写道："没错，我完全被震撼了。人生第一次体会到全身热血沸腾的感觉。从那天起，广告牌、电线杆、学校同学，全都成了我的沙袋。"当时，日本的海外电影市场上风靡的是美国的好莱坞大片，来自中国香港的华丽功夫动作着实令日本观众大受震撼，在他们脑海中留下深刻的印象。正如博主所说，"他直到前一年还存在于这个地球上[1]，日本影迷们不断搜寻着他的足迹，把这些事迹铭记在心。……我们把他生前的逸闻、照片全都看了个遍，再小的信息也不放过。"这部电影中李小龙还展现了令人眼花缭乱的短棍、双节棍等棍术，日本亚马逊网友称"小学的时候亲手做过双节棍"，可见当时李小龙功夫电影在青少年中的火热程度不亚于今天的好莱坞英雄大电影。

李小龙的电影之所以取得巨大成功，原因就在于其真功夫、真演技，《猛龙过江》在日本亚马逊上被评价为"留名电影格斗史的正统派最终决斗"，正是这一点的完美印证。中国文化要想走出国门、发扬光大，首先要"底子硬"，要有"真功夫"。只有真正传承发扬了传统文化的精华，又能够引起全球受众的共鸣，特别是年轻人的共鸣，中国文化才能够真正走出去。

参考资料：

1.《李小龙生平将被好莱坞拍电影定名〈龙之诞生〉》，2020-12-10，https://yule.sohu.com/20130508/n375186184.shtml.
2.《李小龙成龙李连杰：东方三龙大闹好莱坞（多图）》，2020-12-10，http://ent.sina.com.cn/s/h/2001-08-03/52513.html.
3.《李小龙逝世46周年被〈时代〉列入"20世纪英雄与偶像人物"名单》，2020-12-10，https://t.qianzhan.com/caijing/detail/190721-905a6ce2.html.
4.《中国电影百年百大影星，你能认全吗？》，2020-12-10，https://www.sohu.com/a/588302841_121124817.
5.『ブルース・リー　伝説となって40年』，2020-12-10，http://blog.sakayanohara.com/?eid=194.

---

1. 李小龙卒于1973年，是原博主看到这一部电影的前一年。

14. 成龙

成龙的功夫动作电影是中国两代人的童年记忆。这个出生于香港的武打明星以其武打电影中紧张刺激的格斗、风格独特的醉拳、独树一帜的功夫喜剧路线，俘获了向往侠义、向往中国功夫的广大观众的心。

成龙出演的电影展示了真实帅气的中国功夫和行侠仗义、惩恶扬善的价值观，又蕴含着无厘头搞怪的喜剧要素，从20世纪80年代开始，从香港一路红到内地、又红到日韩、红到欧美，不仅在影视方面获奖无数，而且在全世界都具有影响力。中国文化国际传播研究院在2013年发布的2012年中国电影国际影响力调查结果表明，成龙是当年海外知名度最高的中国演员。2018年，成龙被英国数据分析公司YouGov评为全世界最受尊敬的男士第三名。

在我们一衣带水的邻邦日本，成龙也是一位家喻户晓的中国明星。从成龙30多岁、正值年轻力盛时期的20世纪80年代的《A计划》《警察故事》《奇迹》等，到后来1998年的《尖峰时刻》系列，进入21世纪之后的《特务迷城》《环游世界80天》《功夫之王》等，成龙出演的众多电影使他在日本也收获了一大批粉丝，是日本人民在昭和时代末期到平成年间的一个特殊的共同记忆。横滨某私人诊所的所长在诊所官网的"博客"中谈了自己儿时成龙电影的流行盛况："当时非常流行所谓的'修行',基本都是对成龙的模仿""大家都在模仿醉拳,几个孩子假装自己喝醉了,旁人看来傻得不得了""《快餐车》我特别喜欢,录像带可能看了有30遍"。日本博客网站Ameba上,一位网名为"若旦那"的网友也写到小学的时候"在电视上看了成龙电影,第2天就在学校里和朋友们聊成龙",成龙是他"小学时的英雄"。如果对1990年前出生的日本人谈起成龙,谈起他的功夫电影,应该基本没有不知道的吧。

可以说,成龙是中国功夫电影明星的一个典型代表,他的电影向包括日本在内的世界各国的人们展示了中国传统文化中的功夫英雄,是两国人民两代人心中不可磨灭的共同记忆。

参考资料:

1. *World's most admired 2018*, 2020-12-06, https://yougov.co.uk/topics/international/articles-reports/2018/04/11/worlds-most-admired-2018.
2. 『「ジャッキー・チェン」のプロフィールと出演映画の紹介!』, 2020-12-06, https://movienosuke.com/actorfilms/3817/.
3. 『ジャッキー・チェンの才能がわかる!おすすめ作品5選!』, 2020-12-06, https://aopeblog.hatenablog.com/entry/jackie-chan-osusume.
4. 『ブルース・リーとジャッキー・チェン』, 2020-12-06, https://yokohama-tsuzuki.jp/blog/everyday/post-262/.
5. 『ジャッキーチェンかっこいい!(動画で見よう)』, 2020-12-06, https://ameblo.jp/8-5ys310/entry-12133444302.html.

15. 邓丽君

中国台湾歌手邓丽君是20世纪家喻户晓的华人女歌手，在亚洲和全球华人社会极具影响力，也是日本昭和时代的代表性女歌手之一。

1974年，邓丽君以英文名Teresa Teng在日本出道。邓丽君的成名单曲《空港》大卖70万张唱片，使她从日本乐坛700余位新人中脱颖而出，获得1974年度"日本唱片大赏新人歌手赏"，自此奠定了在日本的演艺事业基础。

1984年至1986年间，邓丽君以『つぐない』（《偿还》）、《爱人》、『時の流れに身をまかせ』（《我只在乎你》的日语原版）连续3年拿下有线放送大赏这一顶尖大奖，创下"三连霸"纪录。1985年发行的《爱人》创下日本有线放送点播连续14周冠军、唱片排行榜上连续10周冠军的双历史纪录，邓丽君凭《爱人》首次登上日本红白歌会（相当于中国的春节联欢晚会）。『時の流れに身をまかせ』则在1986年和1991年两度入围红白歌会，1998年又入选"20世纪感动全日本的歌曲"，位居第16位，是唯一一首非日本本土歌手演唱的歌曲。

邓丽君逝世后，日本人也不曾忘记她。邓丽君的专辑、演唱会纪念DVD依旧供不应求，每逢她的生日、祭日，日本各电视台常常制作纪念节目，近年来还在纪念演唱会和节目中利用全息投影技术再现了她的身影。

邓丽君高贵优雅、亲切自然的个人特色与日本的演唱方式相融合，打动了日本听众的心，在日本外来歌手中具有的影响力是绝无仅有的。她走了，但她的歌声依然深深烙印在人们心中。

参考资料：

1. 『テレサ・テン 早世した「アジアの歌姫」』, http://www.peoplechina.com.cn/zlk/gql/202001/t20200122_800190694.html.
2. 『デジタル映像技術で歌手のテレサ・テンが日本のテレビ番組に「復活」』, http://j.people.com.cn/n3/2017/0526/c94689-9220901.htm.

16. 聂卫平

围棋是起源于中国的博弈游戏,隋唐时期传入日本,随后在日本盛行。长期以来,中日之间始终保持着民间交流的状态。新中国成立后,虽然中日尚未恢复邦交,但是在陈毅副总理和日本参议院议员松村谦三的共同努力下,1960年起,中日围棋代表团实现了多次互访。围棋作为中日外交的先行者,为中日关系破冰发挥了重要作用。然而在20世纪80年代之前,相比起围棋发祥地中国,日本的围棋水平和普及程度都遥遥领先。聂卫平的出现改变了这一局面。

1974年,日本围棋代表团访问中国时,日本代表团团长、九段选手宫本直毅已经连胜六局,再拿下一局即可七连胜凯旋。在最后一局,22岁的聂卫平主动请战,在宫本直毅生日当天战而胜之,打破了日本九段棋手不可战胜的神话。1975年,聂卫平再次击败日本围棋代表团团长高川格九段。1976年4月,中国围棋代表团访日,聂卫平六胜一负,接连击败藤泽秀行天元、石田芳夫本因坊,让日本棋坛受到震动,日本媒体称其为"聂旋风"。

经过20多年的切磋交流,中日友谊赛升级为对抗赛,1984年,第一届中日围棋擂台赛在东京举行。聂卫平作为中国主帅以一敌三，以三连胜终结比赛，最终中国取得胜利。在第2届中日围棋擂台赛上，聂卫平又五连胜横扫日本。在前4届中日擂台赛上，聂卫平创造了十一连胜的"聂旋风"奇迹，可谓如日中天。

比赛的兴衰见证的不只是围棋实力的此消彼长，也是中国国力与影响力的提升。现在"战胜日本棋手"已不再是新闻，但是聂卫平为推动中国围棋发展、中日围棋交流所做的贡献仍让人敬佩。

参考资料：

1.『中日共通の「手談」囲碁の魅力』, http://japanese.china.org.cn/jp/archive/zryhhj/node_2185474.html.
2.《1960年日本围棋代表团访华始末》, http://epaper.gmw.cn/zhdsb/html/2019-09/04/nw.D110000zhdsb_20190904_2-19.htm?div=-1.
3.《回眸中国围棋：1987年横扫日本聂卫平如日中天》, http://sports.sina.com.cn/go/2017-04-19/doc-ifyeimqy2577578.shtml.

十、平成时代

1.《三国演义》和日本游戏

《三国演义》是元末明初的小说家罗贯中创作的小说。它以三国时期的魏、蜀、吴三国斗争为主线，是中国古典四大名著之一。早在17世纪初，《三国演义》就传入日本了。元和二年（1616年），在日本江户时代首任幕府将军德川家康的骏府藏书中就有《三国演义》。日本历史上没有出现过像《三国演义》一样舞台广阔、气势恢宏、群雄争锋的长篇章回体历史演义小说，自传入日本以来便俘获了日本人的心。中国人耳熟能详的仁义刘备、忠义关羽、智囊诸葛亮等，也是日本人所熟知的人物形象。

直到今天，日本人还在不断地根据《三国演义》的内容改编出各种作品。其中，除了各种各样的衍生文学作品外，最吸引年轻人眼球的要数与《三国演义》相关的游戏。1985年，日本光荣公司发行了第一部根据《三国演义》改编研发的三国游戏——《三国志》。游戏的主要内容是主人公扮演一国之君处理内政外患、启用优秀人才、提升国力攻取他国。该游戏一经上市就好评如潮，拿下了当年日本BHS大赏第一名。后来，"三国志"系列不断推出续作，直到《三国志X》时转变回为人物养成类游戏。截至2020年11月，最新的一代是2020年1月发行的《三国志14》。光荣公司出品的三国游戏还有"真·三国无双"系列、《三国志英杰传》《三国志战记》《决战》等经典产品。除光荣公司外，南梦宫（NAMCO）公司和卡普空（CAPCOM）公司也分别在FC上出品过"三国志"系列和"吞食天地"系列游戏。

此外，在2010年以后，由于智能手机的流行，还出现了大量的手机版三国游戏，其中既有传统的策略、动作游戏，也有《幻想三国传》这样关注恋爱养成的游戏，甚至有一些大幅改造历史人物的具有日本特色的"萌化"三国游戏。这种动向是好是坏连日本人都难以评价，但毋庸置疑的是，"三国"历史故事和人物已经成为日本大众流行文化的一个经典元素，今后也将继续在日本大放异彩。

参考资料：

1. 天地を喰らうⅡ 赤壁の戦い カプコン 製品・サービス情報 CAPCOM，2020-12-27，https://www.capcom.co.jp/product/detail.php?id=144.

2.《霸王别姬》

电影《霸王别姬》改编自李碧华的同名小说,是由陈凯歌执导,张国荣、巩俐、张丰毅领衔主演的一部文艺片。影片围绕两位京剧伶人半个世纪的悲欢离合,展现了对传统文化、人的生存状态及人性的思考与领悟。《新快报》评价称,《霸王别姬》兼具史诗格局与文化内涵,在底蕴深厚的京剧艺术背景下,极具张力地展示了人在角色错位及面临灾难时的多面性和丰富性,其中蕴含的人性的力量和演员们堪称绝妙的表演征服了全世界的众多电影观众。

1993年该片在中国内地以及中国香港上映,随后在世界多个国家和地区公映。1993年5月24日,该片获得法国戛纳国际电影节最高奖项金棕榈大奖,成为首部获此殊荣的中国影片。

1994年2月11日,《霸王别姬》在日本公开上映,日语译名为『さらば、わが愛』(《再见了,我的爱》)。影片上映后受欢迎程度超乎想象,观众沉浸在影片强烈的情感和生死剧情中,结束后也久久不肯离场。《霸王别姬》在日本创下了延长上映时间纪录,仅在"Bunkamura LE CINÉMA"影院就连续上映了43周。

表1 《霸王别姬》在日本所获部分奖项和荣誉

时间	奖项/荣誉	获奖主体
1994年	第4届日本影评人协会最佳外语片	《霸王别姬》
	第4届日本影评人协会最佳外语片男主角	张国荣
1995年	东京电影评论家大奖最佳影片	《霸王别姬》
	东京电影评论家大奖最佳导演	陈凯歌
	东京电影评论家大奖最佳男主角	张国荣
	日本Mainichi电影大赛最佳外语片	《霸王别姬》
	日本新闻界电影评奖"东京每日新闻电影大奖"最佳影片奖	《霸王别姬》
1999年	日本权威杂志『キネマ旬報』史上100部最佳外国电影	《霸王别姬》
2006年	日本广播协会日本观众最喜爱的十大电影	《霸王别姬》

作为中国电影史上的高峰，《霸王别姬》不仅提高了日本对中国电影的认知度，也引起了日本人对京剧和中国历史文化的兴趣，对传播中国文化、促进中日交流有巨大影响。

参考资料：

1. 燕璐.映画『さらば、わが愛　霸王別姬』の日本における受容の研究[J].東京大学中国語中国文学研究室紀要，2015(18)：107-141．

3.《大地之子》

《大地之子》(『大地の子』)是日本广播协会与中国中央电视台共同制作的一部电视连续剧,根据日本作家山崎丰子的小说《大地の子》改编,由上川隆也、蒋雯丽、朱旭、仲代达矢等出演。电视剧讲述了中国抗日战争结束后,遗留在中国东北的日本战争孤儿陆一心(日文名:松本胜男)在中国的成长经历。

日本在侵华战争期间出台了向中国东北派遣"开拓团"的计划,妄想通过日本人口数量的增长,将中国东北变成日本永久的殖民地。1945年日本战败后,大批移民被遗弃,大批日本遗孤及残留妇人流落东北。中国人民以德报怨收留了大批开拓团民。立足于这段历史,《大地之子》细腻地讲述了以陆一心为代表的日本开拓团民滞留中国历经苦难的成长故事。1977年后,陆一心担任日本援助项目的交流工作,而日方公司的代表松本耕次正是他的亲生父亲。在影片的结局,陆一心望着三峡,对自己的亲生父亲松本说道:"我是大地的儿子,中国的大地就是我的父亲和母亲。"

1995年11月11日,作为第二次世界大战结束50周年和日本广播协会成立70周年的纪念作品,《大地之子》首次在日本广播协会电视台综合频道播出，播出后反响巨大，半年之内重播三遍，是日本电视史上收视率最高的作品之一，并在1996年的蒙地卡罗电视展上获得"最佳作品大奖"。《大地之子》获得了世界范围的认可，堪称中日影视合拍和文化交流中卓具影响力的成果。

参考资料：

1. 朴婕.中日历史叙述的冲突与共谋——合拍剧《大地之子》与全球文化政治[J].山东社会科学，2020(6)：100-107，115.

4. 新中华街

一百多年前，来日本工作和生活的老华侨在各地聚居，形成了传统的三大中华街：横滨中华街、神户南京町、长崎新地中华街。改革开放后，大批中国人赴日留学、务工，他们被称作"新华侨"。新华侨在东京都池袋、新宿，埼玉县西川口等地聚居，形成了新中华街，其中较为有名的是池袋中华街。

池袋是东京西北部的主要商业和交通枢纽，在池袋车站的北口附近聚集了上百家中国餐馆和杂货店。20世纪80年代，由于中日之间经济差距较大，赴日留学生和务工人员必须靠打工维持生计，池袋附近密集的小餐馆为他们提供了打工的场所。此外，由于池袋附近房价、租金低廉，许多中国人居住于此，因而池袋附近随之出现了由新华侨经营的中国食品杂货店、中国餐馆、中文书店、中文报社、中国旅行社和各类事务所，在日华人通过中文报纸、社交软件等媒体相互联系，构筑起一个庞大的华人交流网络。2000年以来，随着华人生活圈影响力逐渐扩大，许多中国餐馆被日本人熟知，池袋北口附近渐渐被称作"池袋中华街"。

与传统的三大中华街不同，在池袋北口看不到写有"中华街"

的牌楼,也看不到造型浮夸的仿古建筑,街道和建筑都是普通的日本繁华街区的样子,但是看到广告牌上的中文能发现这里分布着大量中国餐馆,走在街上能听到嘈杂的人声中交杂着中文,无论是中国人还是日本人都喜欢在这里小聚。两种文化的自然交融正是新中华街的独特之处。

池袋街头的中国餐馆和日本餐馆(摄影:刘慧妍)

参考资料:

1.《在日华人影响力增强　多处新"中华街"悄然兴起》,http://www.chinanews.com/hr/2019/07-29/8910431.shtml.
2. 山下清海. 池袋チャイナタウン:都内最大の新華僑街の実像に迫る[M]. 洋泉社,2010.

5. 银联卡

中国银联于2002年3月成立，是由银行和相关机构共85家共同出资成立的中国银行卡联合组织。银联通过实现银行系统间的互联互通，使中国各家银行的银行卡能够跨行、跨地使用。近年来，中国银联为提升全球影响力，打造全球可用的银行服务平台，提升中国银行卡的国际竞争力，正在积极推动推进国际化进程，中国银行卡随之走向全世界，实现了离境和跨境使用。截至2019年9月，中国银联已成为全球发卡量最大的卡组织，共发行近80亿张银行卡。截至2020年8月，银联卡的全球受理网络扩展到179个国家和地区，在63个国家和地区发行了银联卡。

中国银联卡走进日本始于2005年，这一年12月，日本正式开通银联卡商户受理业务。2006年4月，银联卡开通在日本的ATM受理业务。到2006年底，可使用中国银联卡服务的日本商店已增至约6500家。2007年12月起，三井住友公司在日本发行中国银联标准信用卡，这是中国银联首次与日本信用卡公司联手发行银联标准卡。2010年3月，中国银联联合日本三菱日联信贩卡公司在日本发行银联日元信用金卡，是日本首次发行银联信用卡中高端产品。

2017年12月,日本东京的商家首次开通银联闪付(Quick Pass)服务,这种NFC非接触支付方式大大提升了持卡者的消费体验。2019年5月,"云闪付"扫码支付服务首次落地日本,中国游客在日本的各大国际机场、百货店、免税店掏出手机扫码即可轻松支付。2020年3月3日,银联二维码还被纳入日本统一二维码(JPQR)普及工程,成为当地政府推荐的移动支付服务之一,标志着银联服务的国际认可度进一步提升。

今天,日本银联卡产品体系已经基本完善,日本用户可持有银联标准的借记卡或信用卡,享受中国银联的跨境银行服务;中国游客前往日本时也可以非常方便地使用国内发行的银联借记卡、信用卡进行结算,或在合作银行和罗森、全家、7-Eleven等便利店的ATM机上取现,对于赴日旅游或暂居日本的中国民众非常方便,也大大促进了日本商业和旅游业的发展。

参考资料:

1. 《中国银联企业概况》,2020-12-20,https://cn.unionpay.com/upowhtml/cn/templates/upOverview/upOverview.html.
2. 《中国银联董事长:让中国银联卡刷遍全球》,2020-12-20,http://www.ce.cn/xwzx/gnsz/gdxw/201909/28/t20190928_33243459.shtml.
3. 《银联大事记》,2020-12-20,https://cn.unionpay.com/upowhtml/cn/templates/memoranda/memoranda.html.
4. 《银联国际介绍》,2020-12-20,http://www.unionpayintl.com/cn/aboutUs/companyProfile/introductiontoUPI/.
5. 「UnionPay International(銀聯国際)について」,2020-12-20,http://www.unionpayintl.com/jp/aboutUs/introductiontoUPI/.
6. 《中国银联在东京正式开通银联卡日本商户受理业务》,2020-12-20,http://news.sina.com.cn/o/2005-12-17/12587732671s.shtml.

7.《银联卡可在日本ATM取现》，2020-12-20，http://finance.sina.com.cn/stock/t/20060411/0544642345.shtml.
8.《日本6500家商店可使用中国银联卡》，2020-12-20，http://news.sohu.com/20061229/n247341325.shtml.
9.《中国银联在日本发行银联标准信用卡》，2020-12-20，http://finance.ce.cn/bank/scroll/200712/20/t20071220_12759750.shtml.
10.《日本首次发行银联日元金卡》，2020-12-20，http://finance.sina.com.cn/roll/20100325/11027630811.shtml.
11.《日本商家首次开通银联闪付》，2020-12-20，https://www.sohu.com/a/213311692_123753.

6. "爆买"

"爆买"是来源于日语的词语,是指外国游客在日本疯狂购买商品的行为。现在日本文化语境下,"爆买"一词一般专指中国游客在日本大量购物、扎堆抢购的行为。

"爆买"一词至少在2010年之前就在日本网站上出现了。2010日本观光厅的调查统计结果显示,访日中国游客到日本去的主要目的是购物,并且称其为"爆买"。到2015年前后,中国游客访日大量购买日用品、药妆产品、家电产品等行为已经十分普遍,"爆买"一词甚至被评为2015年日本年度热词。"爆买"不仅人数多(2015年约有500万大陆游客赴日旅游消费)而且金额也不小,甚至有中国游客花1500元抢购5公斤日本大米。也有很多游客是"代购"者,在日本购买大批商品后,回国转卖或赠送给顾客或朋友。中国人的这种"爆买"行为令日本人感到震惊,同时也使日本国内商品销售出口扩大。

"爆买"现象反映了中国国民生活水准的提高。改革开放几十年来,中国人民越来越富裕,已经摆脱勉强温饱的境地,开始拥有更高层次的消费能力,参与"爆买"的中国游客甚至比日本大多数民众都要富裕，正是这一点最令自认"发达"的日本社会震惊不已。同时，"爆买"行为客观上也促进了日本制造业、旅游业的发展，体现了中国拥抱开放、加强国际经贸交流的意愿。

当然，"爆买"也反映了一些问题，比如中国大众对国内消费市场的不信任，以及游客在国外的礼仪素质问题等。其实，日本在20世纪的经济高速发展时期，也经历过类似的"爆买"阶段，许多日本人的财富在国内花不完，纷纷到国外大肆消费，也同样引发了一些问题和批判。

参考资料：

1.《"爆买"背后》，2020-12-20，http://news.cntv.cn/special/jujiao/2015/120/index.shtml.
2.『中国人の「爆買い」はいつまで続くのか?』，2020-12-20，https://global.bing.com/search?q=中国人の「爆買い」は一体いつまで続くのか?&qs=n&form=QBRE&sp=-1&lq=0&pq=&sc=0-0&sk=&cvid=ECF9428BCA4E4F8C81327B92A0BA6905&ghsh=0&ghacc=0&ghpl=.

7. 华为

华为作为中国的优秀民族企业，是全球领先的信息与通信基础设施和智能终端提供商。日本是华为的重要海外市场。2005年，华为在日本成立当地法人"华为技术日本株式会社"，发展至今，华为已经成为日本通信基础设施和智能终端领域极具影响力的企业。

最初进入日本市场时，华为主要向软银、eAccess、KDDI等通信公司提供基站设备和移动路由器，在数据通信卡、终端及移动路由器领域，华为多年蝉联日本国内销量第一[1]。

2011年后，华为将业务重点转向面向个人的终端通信设备，与软银、NTT docomo、KDDI合作，推出了一系列面向消费者的手机产品群。凭借低廉的价格和优良的品质，华为在廉价智能手机领域的影响力不断提高。2016年，华为继续扩大在日本的智能手机业务，推出了1万—2万日元的低价位机型和部分中高端机型，还扩充了可自由选择通信公司的"SIM无锁"手机。2016年7月华为P9 Lite发售后连续11个月位居"SIM无锁"智能手机类别销量排名第一。

---

1. 日本调查公司GfK Japan 2011年统计。

次年推出的华为P10系列销量更超P9,智能手机整体销量同期增长2.4倍。2018年至2020年,华为连续三年获得"SIM无锁"手机类别市场份额第1名[2]。

华为"走出去"的过程并非一帆风顺,尤其是2018年以来,美国对华为的封锁日益加剧,华为在海外市场面临前所未有的挑战。越是逆境越要奋勇向前,只有在产业链上下游取得更多主动权,提升科技企业的整体实力,才能够面向未来、无惧挑战。

参考资料:

1. 『販売台数昨年比約2.4倍!「HUAWEI P」シリーズの絶大な人気がファーウェイの大幅な成長に貢献』, https://consumer.huawei.com/jp/press/news/2017/hw-u-041590/.
2. 華為技術日本株式会社, https://www-file.huawei.com/-/media/corporate/local-site/jp/pdf/corporateprofile2020.pdf?la=ja.

---

2. BCN调查数据。

8. "双十一"

"双十一"购物狂欢节，源于淘宝2009年11月11日举办的网络促销活动。2009年"双十一"的交易额只有0.5亿元，到2011年已经达到了52亿元，2012年达到191亿元。此后的几年，"双十一"交易额持续攀升，2016年淘宝（天猫）"双十一"交易额已经突破了千亿元。"双十一"从电商的促销活动发展成线上线下集体狂欢的购物节，现在已经成为中国电子商务行业的年度盛事，影响逐渐辐射到全球各地区。

2015年被视为"双十一"全球化元年，全球有超过200个国家和地区加入这场活动中。日本企业也搭上"双十一"顺风车，积极迎战。在国别统计的海外品牌销售额排行榜上，日本连续5年排在第1位。雅萌美容仪、资生堂、花王日用品、尤妮佳和优衣库都受到中国消费者的欢迎。2020年，受新冠肺炎疫情影响，日本企业更加寄希望于已经从疫情中复苏的中国市场。跨境电商成为日本企业开拓中国市场的重要销售渠道。此外，日本企业也采用"直播带货"等新形式，为网络促销带来新活力。

面对中国互联网消费的巨大成功，日本电商也积极借鉴中国的

营销和商业模式。日本的雅虎购物网站取"1111"的字形,推出了名为"购物好日子"(いい買い物の日)购物节。乐天购物平台则直接打出"单身日"(おひとりさまDay)的广告,进行大规模促销。

参考资料:

1.《阿里巴巴2020天猫双11全球狂欢季完满落幕,成交额达4982亿元人民币》,https://www.alibabanews.com/%e9%98%bf%e9%87%8c%e5%b7%b4%e5%b7%b42020%e5%a4%a9%e8%b2%93%e9%9b%9911%e5%85%a8%e7%90%83%e7%8b%82e6%ad%a1%e5%ad%a3%e5%ae%8c%e6%bb%bf%e8%90%bd%e5%b9%95/.

9. 海底捞

2015年以来，一些中国餐饮业连锁店开始进入日本市场。与以往的华侨们带来的中华料理不同，这些餐饮连锁店不仅带来了中国味道，还带来了中国模式。海底捞就是成功案例之一。

2014年9月，海底捞在日本华人聚集的东京池袋车站附近开了第一家分店，随后不久又在东京新宿开店。目前，海底捞在日本已有6家门店，各分店均为直营店形式，由总部统一管控。店铺内店员以中国人为主，也有日本员工，具体岗位根据门店运营安排。

在日本市场，海底捞既保持自身特色，也积极推进本地化。在菜品方面，既有由国内总部配送的锅底、中国直送的特色食材，也有在日本当地采购的新鲜食材。此外，海底捞通过新菜品研发和定制化锅底，制定出符合日本人口味的菜单，比如调整了麻辣锅底的麻辣程度等，根据日本当地消费习惯，对菜品、酱料、酒水等进行了相应的调整，还推出了日本人喜爱的套餐模式。可以看出海底捞的目标群体不仅是在日华人，也希望吸引到更多日本客人。在服务方面，海底捞既向日本市场学习经验，又坚持中国风格的待客之道，在各门店引入了中国特色的捞面和变脸表演，营造出浓浓的中国氛围，提升消费者体验。

  餐饮业走出国门靠的是背后的文化，海底捞的海外发展得益于中国国际影响力的增强和中国文化在海外认知度的提升，它同时也是中国文化的传播者。

10. 珍珠奶茶

珍珠奶茶是当代的一种"网红"饮料，是一种将茶和奶（市面上饮品店大多使用植脂末代替）混合后加入有色淀粉小球的饮料。珍珠奶茶味道醇美可口，"珍珠"软糯耐嚼，所以相当受年轻人欢迎。这种饮料起源于我国台湾1988年左右出现的加入"粉圆"的"泡沫红茶"，是台湾街头流行文化的一大象征，后来传入中国大陆以及日韩、欧美等多个国家及地区。

珍珠奶茶在日本也很受欢迎，至今为止含"珍珠"饮料已经在日本掀起了3次热潮。1992年左右流行的是加入无味白色木薯粉小球的"珍珠椰奶"，这种饮料其实是泰国风情烹饪中的一种甜点。不过，20世纪90年代流行的甜点层出不穷，被称为"甜点战国时代"，珍珠椰奶流行不久马上就被椰果、奶冻等其他新花样取代了。直到2008年，中国台湾的奶茶店进军日本九州地区，才又一次掀起了日本全国的珍珠奶茶热潮。台湾传来的正是加入甜味黑色木薯粉小球的珍珠奶茶，日本人惊讶地发现这种"珍珠"变成黑色了，也变得更甜了。不过，由于咖啡文化的推广，珍珠奶茶又一次被打败了。

2018年开始，日本又掀起了一股"珍珠奶茶热"。这次掀起热潮的虽然还是一样的珍珠奶茶,但流行原因不同。2013年7月,号称珍珠奶茶创始者的台湾品牌"春水堂"贡茶在日本旅游胜地官山开设分店,是这场热潮的源头。这一时期,日本廉价航空开始普及,日本民众有更多的机会到中国台湾来接触当地文化和正宗饮食,其中就包括珍珠奶茶这一流行饮品。同时,社交网络的普及让日本年轻人拥有一个属于自己的、分享流行文化的广阔平台,"台湾人气饮料珍珠奶茶"在社交网络上热度逐渐攀升。到2018年,这场积蓄已久的大热潮终于爆发,CoCo都可、鹿角巷等中国大陆和台湾的年轻人们耳熟能详的奶茶品牌纷纷在日本开设新店,每家店面都排起长龙,年轻人们不仅喜欢喝这种醇滑甘甜的饮料,更乐于在社交网站上发图"打卡"。新闻媒体上关于奶茶的热点消息铺天盖地,日本年轻人还发明了"タピる"(喝奶茶并拍照发到社交网站上)、"タピ活"(年轻人一起喝奶茶的活动)等新词。日本人甚至发挥他们改造外来文化的特长,创造出珍珠云吞、珍珠沙拉、珍珠拉面、珍珠奶茶口味糖果等或搞怪或正经的新食品。

  日本的第三次"珍珠奶茶热"可以说是一种网红效应。在网络的带动下,饮用珍珠奶茶不再是一种普通的消费行为了,而成了一种参与到新型流行文化中去的象征。

参考资料:

1. 《日本平成年代的3次"珍珠奶茶热潮"》,2020-12-12,https://www.517japan.com/viewnews-106055.html.
2. 《日本已经被珍珠奶茶占领了!》,2020-12-12,https://baijiahao.baidu.com/s?id=1636736265608219731&wfr=spider&for=pc.

CoCo都可奶茶原宿店的招牌:"全球2000多家分店的人气奶茶品牌"(摄影:刘慧妍)

3.『タピオカとは?原料や成分、おすすめレシピをご紹介』, 2020-12-12, https://www.kurashiru.com/articles/d8f3f6e9-8774-4a91-b1eb-43105fbbfd35.
4.『「タピオカの世界史と日本史」キャッサバ栽培のはじまりからゴンチャまでを紐解いてみた』, 2020-12-12, https://ikebukurogu.com/taiwan-food/tapioka-milktea/tapioca-history.html.
5.『タピオカの謎とその秘密　タピオカミルクティーの歴史と発展』, 2020-12-12, https://tabizine.jp/2018/11/21/216529/.
6.『"タピる"人気は3回目! 過去2回を振り返ろう』, 2020-12-12, https://news.tv-asahi.co.jp/news_society/articles/000164533.html.

11. 滴滴出行

滴滴出行是涵盖出租车、专车、滴滴快车、顺风车、代驾及大巴、货运等多项业务在内的一站式出行平台。2018年,滴滴出行与日本的软银集团(Softbank)合资成立了滴滴移动日本株式会社(DiDi Mobility Japan)。

滴滴移动日本首先在大阪正式运营并大获成功,市场份额和用户满意度均位居第一。随后,滴滴逐步在京都、东京、兵库、北海道、名古屋等地运营,覆盖用户将近5000万。截至2020年11月,滴滴在日本的合作出租车公司超过400家。

此外,滴滴移动日本也在尝试推出网络送餐服务。2020年4月,首先在大阪市开始测试送餐服务,迄今已有2500多家餐饮店签约。滴滴在日益扩大的外卖市场的表现也令人期待。

日本是世界第三大出租车市场,但同时也是监管严格、相当保守的市场,滴滴将中国互联网平台新模式带到日本,在日本市场站稳了脚跟。滴滴成功的原因是多方面的。初期,滴滴投入大量资金,通过优惠补贴吸引顾客,迅速扩大市场。同时,滴滴始终致力于推进本地化,植根于日本市场特点,了解当地法律法规、车辆类型、支付习惯，积极调研，听取用户反馈意见。滴滴移动日本副社长林励认为，日本市场最大特点是人口老龄化，这正是滴滴的产品和技术发挥价值的地方。滴滴的大数据驱动以及先进的运营方式，正推动老龄化突出且人工成本极高的日本出租车行业产生新的生产力。

滴滴借助软银搭建的销售推广网络，开拓出租车公司资源，积极推行本地化，在日本市场站稳了脚跟。这为中国企业如何在日本突围提供了范例。

参考资料：

1.《专访：用中国应用"神器"化解日本打车难题——访滴滴日本副社长林励》，http://www.xinhuanet.com/world/2019-09/23/c_1125027932.html.
2.《"滴滴出行"在日本启动送餐服务》，http://www.xinhuanet.com/world/2020-06/25/c_1210675979.html.
3.《滴滴日本副社长林励谈滴滴进军日本市场》，https://www.nippon.com/cn/behind/100231/.

12. 抖音

　　抖音是中国互联网公司字节跳动开发的短视频社交软件。用户可以拍摄几秒到几分钟的短视频，并配上自己喜欢的音乐发布到抖音平台上，而抖音平台会通过大数据算法分析用户的喜好，推送符合用户口味的视频。由于每个视频仅花费几秒钟、几分钟就可看完，而且都是直击用户喜好的内容，所以容易形成用户黏性，非常受年轻人欢迎。

　　2017年开始，抖音海外版（TikTok，以下简称"抖音"）在海外各国家和地区上线，用户规模迅速扩大。2019年11月，抖音全球累计下载量突破15亿，5个月后突破20亿。2020年8月，抖音成为当月全球苹果和谷歌两大应用商店下载量最多的手机应用。

　　在日本，抖音一经推出，就迅速吸引了一大批用户。根据网络数据，2019年2月，抖音日本月活跃用户数量达到950万。虽然与脸书（Facebook）同年7月的2600万月活跃用户、推特（Twitter）同年10月的4500万日活跃用户还有一定差距，但这些"传统"社交软件主要还是依托于文字和图片内容，抖音可以说是第一个达到如此规模的主打短视频内容的社交平台。

现在中国，在抖音上不仅能看到普通人的生活、"网红"的表演和营销，还能看到一些企业、政府部门、公共机构的趣味视频，抖音给这些机构带来了一个新的亲民的宣传方式。日本的情况也非常相似。埼玉县、神奈川县、大阪府及神户市等地方自治政府都有自己的官方抖音账号，用于发布趣味视频、当地旅游宣传视频。抖音现在不只是一种社交方式、娱乐方式、成名方式，也正在慢慢融入人们的日常生活，成为一种生活方式。

中国互联网企业面临着巨大的挑战。继封锁、打压华为、小米等中国企业之后，2020年，美国政府以"涉嫌威胁美国国家安全"的无稽理由，频繁打压抖音。在美国、日本等国家深受用户喜爱的抖音，也面临着被封禁的巨大危险。但是，中美贸易摩擦不能改变抖音令人喜爱、受人欢迎的事实，也不能让众多忠实用户一夜消失。我们希望未来抖音能够挺过难关，也希望中国能有更多好的软件、好的平台走出国门，不断为地球村的全体"村民"带来崭新的生活体验。

参考资料：

1. 《抖音发布2019年度报告　日活跃用户数超4亿》，2020-12-05，https://baijiahao.baidu.com/s?id=1655047449764982421&wfr=spider&for=pc.
2. 『「2020年12月版」人気ソーシャルメディアのユーザー数まとめ』，2020-12-24，https://blog.comnico.jp/we-love-social/sns-users.
3. 『日本でのTikTok（ティックトック）禁止はどうなる？世界の動向と中国の反応を読み解く』，2020-12-05，https://ferret-plus.com/22090.
4. 『TikTokと神奈川県は「県政の情報発信・広報についての連携と協力に関する協定」を締結しました！』，2020-12-24，https://prtimes.jp/main/html/rd/p/000000125.000030435.html.s.

13. 移动支付

　　移动支付一般指使用手机完成的电子支付。2014年后，中国的移动支付迅速普及，人们已经习惯了出门不带钱包，一部智能手机就可以应对几乎所有的生活场景。日本媒体曾多次报道称赞中国移动支付带来的快捷便利，中国移动支付的高普及率和海外发展动向引人注目。

　　2015年，移动支付两大巨头微信支付和支付宝先后登陆日本，最初主要是面向赴日中国游客。为吸引"爆买"的中国游客，日本各大百货商场、连锁便利店、超市、药妆店积极引进微信支付和支付宝，中国的移动支付方式在日本迅速扩大。截至2019年年初，支付宝在日本的加盟店铺已突破30万。现在，日本便利店、药妆店几乎随处可见支持微信支付、支付宝的提示语。

　　除了大型百货商场与连锁店，日本各地的老店铺甚至寺庙神社也导入了中国的移动支付方式，作为地方经济振兴的手段。位于栃木县日光市的日光二荒山神社于2018年导入了电子支付供奉香油钱的功能，在香油钱箱旁设置写有中文、韩文、英文的朱漆看板，扫描二维码可以直接支付香油钱。

位于枥木县的日光二荒山神社（摄影：刘慧妍）

　　目前，中日企业正在移动支付领域展开合作。日本雅虎、软银的共同出资企业于2018年秋季推出支付服务"PayPay"，与阿里巴巴集团的支付宝合作，PayPay的部分加盟店支持支付宝。日本通信企业LINE与腾讯携手推出"LINE Pay"，支持微信支付。相信中国移动支付积累的实践经验将为日本今后推进无现金化提供很好的参考范例。

参考资料：

1.《支付宝再次进击日本，想在2020年实现日本全覆盖》，https://36kr.com/p/1722807910401．
2.《中日移动支付展开新合作　微信扫码即可进行LINE Pay支付》，http://spfjc.people.com.cn/n1/2019/0814/c367959-31295032.html．
3.「ニールセンとアリペイ、海外旅行における中国人の消費傾向に関する報告書を発表日本は、中国人旅行者がモバイル決済を使いたい国3位にランクイン」，https://www.alibaba.co.jp/news/2020/01/post-23.html．

14.《荒野行动》

《荒野行动》是网易游戏自研的一款战术竞技游戏,2017年11月在日本上线移动端。在日本,《荒野行动》自发布之日起连续6个月位居最受欢迎的免费应用排名前三。从2018年到2021年,《荒野行动》已经连续4年保持日本战术竞技手游冠军宝座。

除了庞大的用户数量,《荒野行动》的吸金能力在日本游戏市场也位居前列。日本游戏信息杂志《电玩通》发布的手机游戏白皮书显示,2018年《荒野行动》在日本的营业收入达到404亿日元,在日本国内手游市场跻身第4位;2019年,以424亿日元保持在第4位。受益于《荒野行动》在日本的成功,2018年,网易游戏跻身全世界手游发行公司营业收入第2位,仅次于腾讯。

自2018年以来,越来越多的中国手游公司进军日本市场,中国手游在日本市场收入占比不断上升。美国的移动数据分析公司App Annie发布的2020年第三季度日本市场海外游戏收入前十强榜单中,除第2位的Pokemon Go之外,其余9款均为中国厂商出品的游戏。

《荒野行动》在日本成功的秘诀在于抢占时间先机、投入大量广告宣传、本地化玩法、注重用户互动、建立亲密社交关系。网易游戏凭借《荒野行动》打开了日本手机游戏市场的大门,为更多国产手游"出海"探索出一种有效的发展模式。

参考资料:

1.《从突围到品牌外延,〈荒野行动〉在日本做了哪些贴地气的事》, https://new.qq.com/omn/20191116/20191116A0G3VN00.html.

15.《那些年，我们一起追的女孩》

《那些年，我们一起追的女孩》是一个中国台湾作家创作的一部自传体小说，根据小说改编的电影版《那些年，我们一起追的女孩》于2011年8月19日在中国台湾上映。作品以20世纪90年代的台湾彰化县为背景，讲述了一段校园里的青春故事。叛逆的男主角柯景腾和优秀的女主角沈佳宜彼此都知道对方的感情，最后却没有在一起。简单而纯净的青春故事引起了观众的共鸣，该电影一经上映便大放异彩，在海峡两岸暨香港、澳门均取得了优异的票房成绩。2011年，该电影在第24届东京电影节上展出，2013年在日本电影院正式上线。在日本观众中，上至中年夫妇，下至年轻情侣，不同时代的人都从这部电影中找到了自己的"那些年"。

随着电影的热播，由胡夏演唱的电影主题曲《那些年》也屡屡提名获奖，成为年度华语金曲。2015年，日本组合whiteeeen翻唱了《那些年》，歌名『あの頃　ジンジンバオヂュオニ』用片假名拼出中文"紧紧抱着你"的发音，并在歌词中保留了这句中文。

2018年，日本导演长谷川康夫翻拍了这部电影。日版电影将故事背景搬到2000年的日本，讲述了日本高中生水岛浩介和早濑真爱之间的故事，分别由山田裕贵、斋藤飞鸟等饰演。日版翻拍电影忠实于原作，高度还原了剧中的人物形象，还特地赴台湾取景，重现经典的放天灯场景。

参考资料：

1. 《组图：日版〈那些年〉赴台湾拍摄　再现放天灯等经典桥段》，http://slide.ent.sina.com.cn/film/slide_4_704_244355.html#p=1.
2. 『台湾発「あの頃、君を追いかけた」、老若男女の心をとらえてスマッシュヒット！』，https://www.cinemacafe.net/article/2013/09/26/19384.html.

16.《妖猫传》

《妖猫传》是陈凯歌导演、中日合作拍摄的一部奇幻电影，改编自日本作家梦枕貘的魔幻小说《沙门空海之大唐鬼宴》，讲述了一只口吐人语的妖猫搅动长安城，诗人白乐天与日本僧人空海共同追寻杨贵妃死亡真相的故事。

梦枕貘用他的魔幻之笔描绘了一幅华丽凄美的大唐王朝的画卷，电影《妖猫传》的精美布景带领观众重回中华文明的巅峰时代。

电影汇聚了黄轩、染谷将太、张雨绮、秦昊、阿部宽等实力演员，在中日两国都取得了极高的关注度。2017年底，《妖猫传》在中国上映，在竞争激烈的贺岁档中最终拿下5.3亿元票房。电影中饰演空海的染谷将太苦练中文，对白完全用汉语完成，获得了观众的好评。2017年第30届东京国际电影节上，《妖猫传》作为电影节放映的首部影片在开幕式上亮相。2018年2月24日电影在日本上映，日版片名为『空海—KU-KAI—美しき王妃の謎』，该片在日本获得了跟日本本土电影同等级别，甚至更大量级的宣发规模。票房累计超过16亿日元，观影人次超过134万，创下了近10年华语片在日本电影市场的票房新高。《妖猫传》成为中日合拍电影票房双收的一个典范。

　　电影艺术一直有着跨越国界、沟通心灵、增进友谊的作用。2018年5月，中日双方签署了关于合作摄制电影的协议，中日电影合作动向令人瞩目。期待中日两国电影界能保持密切的交流与合作，给两国人民带来更多好作品。

参考资料：

1. 『中国映画はどうすれば日本の観客をひきつけられる？』，http://j.people.com.cn/n3/2019/0517/c94476-9579243.html.
2. 『「空海―KU-KAI―」出演の染谷、中国語漬けのあまり日本語のセリフにパニック』，http://j.people.com.cn/n3/2017/1229/c94473-9309779.html.
3. 《〈妖猫传〉日本东京举办首映式　陈凯歌携主创亮相》，http://media.people.com.cn/n1/2018/0117/c40606-29768940.html.
4. 《〈妖猫传〉收16亿日元票房，成十年来日本最卖座华语片》，https://ent.qq.com/a/20180418/021375.html.

17.《罗小黑战记》

《罗小黑战记》是中国独立动画制作人MTJJ及其工作室于2011年出品的一部动画片,2015年出版了同名改编漫画。2019年9月7日同名大电影《罗小黑战记》在中国正式上映,截至影片下映,在中国内地获得了3.11亿元票房。票房虽比不上同期的《哪吒之魔童降世》,但《罗小黑战记》收获了大量动漫爱好者的好口碑。

电影讲述了猫妖罗小黑因为家园被破坏,开始了它的流浪之旅,在一次偶然中遇到了无限,一人一猫展开了一段奇幻的冒险之旅。电影采用返璞归真的二维画风,探讨了人类与妖怪、人与自然这一广阔主题。

2019年9月,《罗小黑战记》中文版在日本部分影院小规模上映。9月20日至29日,该电影首先在日本东京池袋的HUMAX影院上映,因反响良好,上映延长至10月6日。10月26日,这部电影又登陆京都出町座影院,进行为期一周的放映。虽然只是小规模放映,但是电影精美的画面和有趣的剧情赢得了日本动漫爱好者的高度评价。

2020年11月7日,《罗小黑战记》日语配音版在日本全国上映。

日语配音阵容极为豪华,启用了花泽香菜、宫野真守、樱井孝宏等知名声优。上映1个月以来,《罗小黑战记》始终位于日本电影票房排行榜前10名[1]。日本媒体评价称,电影的幻想世界观和可爱的形象让人印象深刻,人与自然的作品主题和情节描写入木三分,是孩子和大人都可以欣赏的优秀动漫。"小黑"的"破冰"之旅对推动"华流"的形成有非常好的示范效应,对加强国际传播能力的建设和优秀中国故事"走出去"都有积极意义。

参考资料:

1.『中国発アニメ「羅小黒戦記」が熱い!口コミで人気広がる』,https://www.cinematoday.jp/news/N0114247.
2.『全国映画動員ランキング』,https://www.asahi.com/articles/DA3S14694246.html?iref=pc_ss_date_article.
3.《〈罗小黑战记〉一部"非顶配"国漫缘何收获高口碑》,http://m.xinhuanet.com/ent/2019-09/17/c_1125002856.html.
4.《动画电影〈罗小黑战记〉11月日本上映,花泽香菜配音》,http://www.bjnews.com.cn/ent/2020/10/09/775842.html.

---

1. 数据来源朝日新闻报道。

18. 中国古装剧

古装剧是中国电视剧的重要品类，从早期的港台武侠剧到内地古装剧，几十年来古装题材在电视剧市场一直占据重要比例。同时，古装剧对表现国家传统文化和传统美学精髓有着独特的优势，是展示国家文化、塑造国家形象的重要窗口。中国与日本文化相近，日本一直是国剧"出海"的重要市场，在出口日本的电视剧中又以古装剧为主。从20世纪八九十年代的《雍正王朝》《三国演义》等历史正剧，到2011年后大火的《步步惊心》《甄嬛传》《琅琊榜》，许多中国古装剧都在日本引起反响。

2011年《甄嬛传》在中国热播后开始进军海外，各种语言的翻译版本引起了中国观众的热议。2013年，《甄嬛传》在日本BS富士台首播，剧名译为《宫廷の浄い女》（《后宫争权女》）。电视剧以中文原音和日文字幕的方式播出，日本翻译公司还在难懂的台词旁附上解释，比如什么是"内务府"，剧中的中国古诗词有什么弦外之音等，帮助日本观众理解。除了激烈的后宫争斗，最吸引日本观众眼球的是剧中华丽的服装造型、道具和场景。

近年，大量中国古装剧进入日本，但是在日本的播放平台通常为收费电视台或者广播卫星电视频道,用户数量偏少,因此很难掀起全国性的追剧热潮。无论如何,这些"走出去"的古装剧的确吸引了一部分爱好者,也赢得了日本观众的好评。古装剧作为传播中国传统文化和审美视角的载体,担当着中国文化走出国门、提升国家文化形象的职责。

参考资料:

1. 张婧."走出国门"的《琅琊榜》和《甄嬛传》对国家形象的影响[J].当代电视,2016(2):18-21.
2. 《〈琅琊榜〉4月登陆日本　日媒:梅长苏堪比诸葛亮》,http://japan.people.com.cn/n1/2016/0222/c35468-28138093.html.
3. 《日本观众热捧甄嬛:孙俪美得惊叹,真真是极好看的》,http://media.people.com.cn/n/2013/0716/c40606-22210218.html.

19. 白酒

　　白酒是中国蒸馏酒类的统称，气味芳香纯正，入口绵甜爽净，酒精含量较高。对于习惯低度数酒的日本人来说，浓烈的白酒难以接受。长期以来，在日本说起中国酒往往指的是绍兴酒（黄酒），但是近年来，白酒逐渐走进日本餐厅，诞生出多种喝法。

　　据《日本经济新闻》报道，位于东京新宿的一家酒吧"Jeremiah"推出了使用白酒的鸡尾酒。由于白酒气味浓烈，店长市川宽将其调制成日本人容易接受的鸡尾酒。加入柠檬汁等可制成"清淡型"鸡尾酒，加入薄荷巧克力可制成"偏甜型"鸡尾酒，以白酒制成的鸡尾酒在喝下去时仍能微微感受到白酒独特的香气，尤其受女性顾客欢迎。市川说，许多日本顾客并不熟悉中国的白酒，但是品尝过后就会迷上。

　　从事中国酒进口销售业务的日和商事表示："最近几年来，面向中华料理店和酒类专卖店的销售渠道扩大，销售额出现增长。"在调制"嗨棒"（Highball）和鸡尾酒时，很多人开始用白酒代替威士忌。此外，随着日本川菜热潮的兴起，与麻辣的四川料理相配的白酒也人气渐涨。在每年一度的四川美食节上，五粮液等中国白酒大受欢迎。

中国白酒产量占全球烈性酒产量比例不容忽视,但国际市场的份额却少人问津。白酒如何融入世界,是中国酒业当前普遍面临的"痛点"。借鉴白酒在日本流行的经验,以酒吧为起点可能是白酒融入世界的好方法。

20. "伪中国语"

近年，用"伪中国语"交流在日本非常流行。"中国语"在日语中是指汉语或中文，"伪中国语"就是指一种看上去就像中文一样的日文书写方式。日文句子中一般用汉字书写实词，用假名书写助词等语法标记。把日文句子中用假名书写的语法功能词全部删掉，再把剩下的实词全都用汉字书写，就会生成一段看似全是汉字但实际上符合日语语序和语法的文字。通过这种方式，完全不懂中文的日本网友，也可以用日语中汉字进行"伪中国语"聊天。

"伪中国语"早在2009年就在日本网站上出现了，但真正开始受到广泛关注是2016年至2019年左右。由于大量使用汉字在日本文化中是语言水平高、语体正式的标志，所以在日常对话中使用"伪中国语"能够营造出一种既幽默又"看起来很厉害"的语感。因此，这种"文字"在日本社交网站和个人通信之间非常流行，成为日本网民交流的一种新型"文字"。甚至日本前外务大臣河野太郎也在社交网络上发布过一段记录访华经历的"伪中国语"。

"伪中国语"在中国网络上也广受关注。由于汉字本就是中国的文字，中国网民们只需稍加思考猜测就可以理解"伪中国语"书写的日语句子,让网民们感到非常有趣又亲切,"沉迷'伪中国语'无法自拔"。这种新奇有趣的书写方式拉近了中日人民之间的距离,让我们再一次感受到中日汉字文化同根同源、一脉相承。

参考资料:

1.《日本网友发明"伪中国语"竟能看懂》,2020-12-20,http://news.haiwainet.cn/n/2016/0716/c3541083-30100489.html.
2.《爆笑!日本发明"伪中国语"竟然行得通?》,2020-12-20,http://japan.people.com.cn/n1/2018/0709/c35421-30135885.html.
3.《日本人自创的"伪中国语"又又又又火了!网友:感觉不用学日语了》,2020-12-20,https://www.sohu.com/a/238697136_361945.
4.『日本でにわかにブームの「偽中国語」、中国で驚きの声』,2020-12-20,https://www.recordchina.co.jp/b173638-s0-c30-d0046.html.
5.『河野外相も使い手だった!日本で「偽中国語」再び勢いづく一中国メディア』,2020-12-20,https://www.recordchina.co.jp/b735209-s0-c30-d0054.html.

21. "中国制造"

新中国成立以来，中国的制造业发生了翻天覆地的变化。从中华人民共和国刚成立时一穷二白，到学习苏联建立起的一整套完整的工业体系，到改革开放初期的"来料加工""来样加工"，再到20世纪90年代以来的品牌时代，中国逐步建立起了门类完善、产能巨大、物美价廉的制造业体系。中国商品走向全世界，融入全球市场。

中国制造业的产品也广销日本。根据"前瞻经济学人"网整理的数据，2018年，中国、美国是日本前两大出口贸易对象，出口额分别占日本出口总额的19.5%和19%。日本财务省的贸易统计显示，1988年日本自中国进口额仅1.26万亿日元，到2018年已接近20万亿日元。由于中国制造业门类完善、物美价廉，今天，从手机、电脑、家电到食品、用品、衣物，日本人的日常生活中"中国制造"随处可见。日本综艺节目『ありえへん∞世界』(《不可思议的∞世界》)曾做过一项调查，发现日本大众穿的衣服、背的包、吃的东西、家里用的电器等等，绝大部分都是"Made in China"(中国制造)。还有一档节目『ザ・ヒキザン』(《减法》)把节目嘉宾家中所有的"中国制造"都搬走，结果房间几乎被搬空，像是"回到了江户时代"。

不过,这档节目中有部分受访者对"中国制造"表现出轻蔑、鄙夷的态度,这也反映了我国制造业发展所面临的问题——缺乏核心自主内容。在高精尖领域,部分关键材料需要靠进口;在中低端和民用领域,出现了"山寨"产品,缺乏自主创新意识。"中国制造"要想打破这种桎梏,走出困境,形成国际竞争优势,就必须完成从"中国制造"到"中国智造"的转变。

参考资料:

1. 《2018年中国与日本双边贸易全景图(附中日主要进出口产业数据)》,2020-12-10,https://www.qianzhan.com/analyst/detail/220/190708-897df896.html.
2. 『輸出入額の推移(地域(国)別・主要商品別)』,2020-12-10,https://www.customs.go.jp/toukei/suii/html/time.htm.
3. 李雨蒙. 中国制造70年崛起历程[J]. 企业观察家,2019(11):40-41.
4. 王永原. 日本人眼中的中国制造企业[J]. 资源再生,2017(4):72-75.
5. 李毅. "中国制造"如何形成国际竞争优势——日本产业创新的重要历史经验[J]. 人民论坛(学术前沿),2015(11):49-61.

22. 小康社会

  2020年全面建成小康社会是我国在社会主义初级阶段经济发展的阶段性战略目标和战略步骤,是中国现代化建设"三步走"宏伟蓝图中的一步。2020年决胜全面建成小康社会是中国实现的第一个百年奋斗目标,是实现中华民族伟大复兴中国梦的关键一步。

  日语中原本也存在"小康"一词,但该词意思是病情好转,或指局势暂时平静。1974年日本外务省发布的《日本外交近况》蓝皮书的"日本周边国际环境"一章中,就用"小康"一词形容1971年至1973年间比较稳定的国际金融环境。因此,当需要将中国的国情介绍到日本去时,如何把"小康社会"翻译到日语中去又不引起误解、能让日本民众理解,一直是中日两国国情研究专家、翻译专家和新闻媒体面前的一个难题。为使日本读者理解,日本国际协力事业团于1999年2月发布的《第二次中国国别援助研究会报告书·现状分析篇》中,将"小康"翻译成了"まずまずの生活"(还算过得去的生活),"小康水准"翻译成了"まずまずの水準"(还算过得去的水平)。除此之外使用较多的还有"ややゆとりのある社会"(稍稍宽裕的社会)、"いくらかゆとりのある社会"(多少有几分宽裕的社会）等说法。这些译法都是从希望日本大众能够接受、理解的角度考虑的，从原文角度来看，并不非常确切。

这种情况后来发生了转变。日语翻译界泰斗林国本先生在2009年的文章中提到，由于日本民众长期接触"小康社会""南水北调"等中国特色词汇，这些词语对于日本社会来说已经不再陌生，越来越多的日语文章直接保留"小康社会"这一汉字词语。而且，2012年召开的党的十八大以来，习近平总书记多次强调"文化自信"问题，中国话语体系中的词汇外译问题与此息息相关。现在中国对外介绍国情的文章中，已经基本不使用从前考虑受众理解能力的译法，而是直接采用"小康社会"这一汉字词。中国相信自身越发强大的软实力能够吸引外国民众自发地学习了解中国话语体系，也是一种"文化自信"。日本媒体在进行报道时，也基本采用汉字词语，最多在其后补充日文解释，这也是对中国文化实力和话语权的尊重和认可。

参考资料：

1. 《决胜全面建成小康社会》，2020-12-15，http://www.12371.cn/special/jcxksh/.
2. 《全面建设小康社会》，2020-12-15，http://news.cnr.cn/native/gd/20191112/t20191112_524854655.shtml.
3. 《坚定文化自信的基本途径》，2020-12-15，http://theory.people.com.cn/n1/2016/1214/c49157-28947660.html.
4. 「中国第2次国别援助研究报告书　现状分析编」，2020-12-15，https://www.jica.go.jp/jica-ri/IFIC_and_JBICI-Studies/jica-ri/publication/archives/jica/country/2000_06.ht.

23. "一带一路"

"一带一路"是中国国家主席习近平提出的倡议，包括建设"丝绸之路经济带"和"21世纪海上丝绸之路"两部分，它们分别是习近平主席于2013年9月7日在哈萨克斯坦纳扎尔巴耶夫大学演讲和2013年10月3日在印度尼西亚国会演讲时提出的。

"一带一路"的目标是要连通沿线国家，建设新的国际合作平台，以此改善全球经济治理体系，促进全球共同繁荣发展，推动构建人类命运体。"一带一路"倡议提出以来获得众多国家的热烈响应，截至2020年12月17日，与中国签署共建"一带一路"合作文件的已有138个国家和31个国际组织。

日本目前仍未直接参与到"一带一路"中来，但一直对此倡议保持关注。日本作为美国在亚太地区的盟友，在地缘政治方面长期以来将中国视为竞争对手。在2013年"一带一路"倡议提出之初，日本对中国的"一带一路"倡议持谨慎观望态度，并实行了一些对冲政策。不过，2017年起，日本政府的态度渐渐发生了转变。同年5月，日本政府官员出席"一带一路"国际合作高峰论坛，后来日本首相和政府高官也多次在G20峰会、APEC领导人非正式会议、第三届中日CEO峰会上,展现愿意加强中日合作、参与到"一带一路"倡议中来的态度。同年,中日之间正式开始构建第三方市场合作机制。目前,第三方市场合作机制是日本间接支持、参与"一带一路"建设的一条路径,它充分证明了"一带一路"开启合作共赢新时代的巨大作用。

由于中美贸易摩擦升级、美国贸易保护主义抬头等因素,日本国内对于"一带一路"构想仍存在一些反对的声音。但是,正如日本NHK解说委员加藤青延所说,欧美一些国家对中国崛起抱有警戒,但通过构建"一带一路"确实可能消除贫困差距。今后,"一带一路"将继续推进,世界格局也会随之变革改善。

参考资料:

1. 《日本对"一带一路"倡议态度转变及其机遇》,2020-12-17,https://www.sohu.com/a/334510488_825950.
2. 『「一带一路」構想の展開と日本の対応-アジア経済研究所』,2020-12-17,https://www.ide.go.jp/Japanese/Publish/Download/PolicyBrief/Ajiken/123.html.
3. 『1からわかる!中国「一带一路」【下】構想が変容!?米中対立の根源に?』,2020-12-17, https://www3.nhk.or.jp/news/special/news_seminar/jiji/jiji24/.

24. 第三方市场合作

第三方市场合作是由中国首创的一种国际合作新模式。它秉持"一带一路"倡议共商共建共享的原则，由中国企业与有关国家企业共同在第三方市场开展经济合作。如今，第三方市场合作已成为中日两国加强合作的新领域。

正如中国前驻日大使程永华所言，日本政府对"一带一路"倡议的态度经历了一个由消极观望、警惕质疑向客观看待和积极参与转变的过程。2013年中国提出"一带一路"倡议时，正值中日关系最为恶化的时期，长年来，日本对"一带一路"持批判和消极观望的态度。2017年开始，中日政治关系回暖，经贸往来稳中回升，以日本自民党干事长二阶俊博参加首届"一带一路"国际合作高峰论坛为契机，日本对待"一带一路"倡议的态度出现了转变。2018年5月，国务院总理李克强访日期间，中日签署了《关于中日第三方市场合作的备忘录》。2018年10月，时任日本首相的安倍晋三对中国进行国事访问，为落实两国5月份签署的备忘录，中日两国在北京举办了首届中日第三方市场合作论坛。在此次论坛上，中日两国地方政府、金融机构、企业之间签署了50余项合作协议，金额超过180亿美元。

近年来,中日两国在海外市场尤其是东南亚地区存在激烈的投资竞争,只知竞争不谈合作会造成双输的局面。通过开展第三方市场合作,中日两国可以实现风险共担、利益共享,共同开拓广阔的海外市场,最终实现多方共赢。未来,中日在第三方市场的合作开拓大有可为。

参考资料:

1. 宫笠俐.中日第三方市场合作:机遇、挑战与应对方略[J].现代日本经济,2019(5):44-54.
2. 《一带一路,中日互利合作新平台(大使随笔)》,http://japan.people.com.cn/n1/2018/0605/c35421-30036543.html.
3. 《第三方市场合作指南案例》,https://www.ndrc.gov.cn/xxgk/zcfb/tz/201909/W020190905514523737249.pdf.
4. 《首届中日第三方市场合作论坛上,李克强和安倍都说了什么?》,http://www.gov.cn/guowuyuan/2018-10/27/content_5335045.html.

十一、令和时代

1. 中国妆

2019年，在日本流行起了"中国妆"。日本人称之为"チャイボーグメイク"（结合英语单词China和cyborg），直译为"中国机器人"，意思是像机器人一样完美的中国式妆容。

最早在社交平台发布"中国妆"视频的是一位叫"鹿の間"的日本美妆博主，她平时经常浏览中国的小红书、微博，受到中国电影《芳华》的启发，发布了中国妆教程视频。随后在社交平台上，各种标题中带有"中国妆""中华系美人"的视频层出不穷。美妆博主们将"中国妆"的特征总结为"白净的底妆，利落的眉毛，立体的轮廓，深邃的眼妆，红色的唇妆"。无论他们所总结的"中国妆"是否能代表中国女性的化妆风格，但"中国妆"确确实实在日本火了。甚至有人认为"中国妆"彰显了女性独立、自信、不谄媚的特质。

察觉到这一流行趋势，时尚杂志和化妆师也纷纷介绍"中国妆"。日本少女杂志*Seventeen*在2019年10月刊中用6页的篇幅专门介绍了中国妆的画法。也有杂志将中国妆与韩国妆、日本妆进行对比，"中国妆"甚至大有超越韩国妆的趋势。

"中国妆"的流行给中国国产化妆品品牌带来了巨大的商机。

越来越多的中国国产化妆品走出国门，出现在日本的药妆店、精品店的货架上，进入日本化妆品人气排行榜。

从中国人模仿"日妆""韩妆"，到日本人痴迷"中国妆"，中国文化越来越进入日本人的视野，中国文化对外输出的影响力已经不容小觑。

2.《三体》

《三体》是中国科幻小说家刘慈欣创作的系列长篇科幻小说,由《三体》《三体Ⅱ·黑暗森林》《三体Ⅲ·死神永生》构成,原名"地球往事三部曲"。小说虚构了一个存在于宇宙中的"三体"世界,时间跨度从"文革"期间人类与"三体人"偶然的星际通信,到后来几百年三体文明与人类文明的斗争,以至公元纪年1800万年以后的宇宙危机。情节方面天马行空、跌宕起伏,叙述方面细腻精致与恢宏庞大并存。

《三体》三部曲出版后在国内外叫好又畅销。截至2012年12月,《三体》全集在国内知名图书分享网站"豆瓣"上获得9.4分高分(满分10分),还被列入2020年版《中小学生阅读指导目录》。在国外,刘慈欣于2015年凭借《三体》荣获"科幻界诺贝尔奖"——"雨果奖",2018年刘慈欣又在美被授予2018年度"克拉克想象力服务社会奖"。

这样一部优秀的中国科幻作品当然也在我们的邻国日本广受喜爱。《三体》和《三体Ⅱ·黑暗森林》的日文版分别于2019年7月和2020年6月在日本发行,一经发售便成为引爆日本媒体的重磅话题。它不仅在社交网络上引发众多讨论，赶时髦的年轻人们纷纷购阅此书，追赶潮流；在书店架上更是摆满了日文版《三体》精装书籍，腰封称其为"当代中国最具冲击力的作品"。《三体》在日本不仅销量高，读者评价也非常不错。截至2020年12月，《三体》和分两册出版的《三体Ⅱ》分别在日本亚马逊网上获得4.3、4.6、4.8的高分（满分5分）。最受日本读者喜爱的特点就是其独特的想象和宏大的世界观，亚马逊网上甚至有日本读者称其为"日本科幻作家不可造就的伟业，是当代中国科幻的金字塔"。日本顶级游戏设计师小岛秀夫说："不管是从题材的选用、从我这个时代接触到的所有物品，还是从历史背景、科学知识以及文学素养的角度来说，都可以说是独一无二的顶峰。"

《三体》的走红畅销是中国文化实力提升的一个例证。我们希望中国作家今后能写出越来越多的好故事、好作品，把优秀的作品推出国门、推向全世界，与全世界人民共享中国人的文化智慧结晶。

参考资料：

1. 《小说〈三体〉首获世界科幻小说最高奖"雨果奖"》，2020-12-18，http://news.cntv.cn/2015/08/23/VIDE1440334319715319.shtml.
2. 《刘慈欣在美领取2018年克拉克奖 获奖感言谈及科幻未来》，2020-12-18，http://culture.caixin.com/2018-11-09/101344792.html.
3. 《教育部基础教育课程教材发展中心首次向全国中小学生发布阅读指导目录》，2020-12-18，http://www.moe.gov.cn/jyb_xwfb/gzdt_gzdt/s5987/202004/t20200422_445605.html.
4. 《〈三体〉火遍日本，遭疯抢脱销，连地铁上都挂满了〈三体〉海报》，2020-12-18，https://baijiahao.baidu.com/s?id=1673354757311377755.
5. 《三体全集（豆瓣）》，https://book.douban.com/subject/6518605/.

3. 视频会议软件

  2020年，一场全人类始料未及的新冠肺炎疫情席卷全球，世界遭遇了一场罕见的灾难。受新冠肺炎疫情的影响，各国在经济上都遭受了不同程度的打击。为了防止疫情传播，各国纷纷采取限制外出、提倡网上办公的措施。在这样的背景下，网络视频会议软件对保障疫情常态化下的工作生活发挥了巨大作用。

  日本政府在疫情暴发后，也积极鼓励企业采取远程办公方式来保证员工的健康安全。当工作中需要召开在线会议时，就需要用到视频会议软件。日本人最了解的在线视频会议软件就要数"Zoom"，但中国企业开发的"腾讯会议"国际版（VooV Meeting）也因其显著优点而广受日本用户好评。腾讯会议在疫情期间免费对各国用户开放所有功能（事实上，绝大部分中国视频会议软件都在疫情期间免费开放），最高支持300人同时在线开会，而且使用简单方便，还具有美颜功能。比起Zoom这样免费会议时长最多为40分钟的软件，腾讯会议对疫情期间经济紧张的企业来说，是物美价廉的选项，因此在日本好评众多。在各种博客网站、视频网站上，有许多推荐腾讯会议的文章和视频。疫情带给了我们许多痛苦的经历,但也让我们看到了中国企业的担当,体现了中国人站在人类命运共同体的高度上为世界做贡献的人文关怀。

在视频会议软件于疫情期间普及之前,阿里巴巴集团旗下的"钉钉"(Ding Talk)、"字节跳动"旗下的"飞书"(Lark)等附带会议功能的职场办公软件,以及各大直播平台都发挥了在线视频会议软件的作用。特别是在教育领域,解决了学生居家学习上课的困难,老师直播上课一时间成为一道风景线。这样的情况在日本也是一样,例如"钉钉"就曾被广泛推广到日本中学教育中去。虽然有的心理不成熟的学生有"分期五星好评"的恶意行为,但总的来说,这些软件还是满足了学生和老师的需求,收获了师生的感谢和好评。

参考资料:

1. 『Tencent(騰訊)、Zoomライクなビデオ会議アプリ「Voov」の世界展開を開始』, 2020-11-25, https://thebridge.jp/2020/03/tencent-launches-global-version-of-its-zoom-rival.
2. 『アリババVSテンセント ビデオ会議ツールの仁義なき戦い』, 2020-11-25, https://36kr.jp/69438/.
3. 『Zoomより便利!無制限300人会議が無料の最強ビデオ会議ツール「テンセントミーティング」とは?』, 2020-11-25, https://note.com/chaen_channel/n/n92715312351b.